达·芬奇传

天才巨人的创造力密码

赵瑾瑜 著

LEONARDO
DA VINCI

北京燕山出版社

图书在版编目（CIP）数据

达·芬奇传：天才巨人的创造力密码 / 赵瑾瑜著
. -- 北京：北京燕山出版社，2023.10
　　ISBN 978-7-5402-6692-9

Ⅰ．①达… Ⅱ．①赵… Ⅲ．①达·芬奇 (Leonardo,
da Vinci 1452-1519) – 传记 Ⅳ．① K835.465.72

中国版本图书馆 CIP 数据核字（2022）第 183138 号

达·芬奇传：天才巨人的创造力密码

著　　者	赵瑾瑜
责任编辑	王　丽
封面设计	韩　立
出版发行	北京燕山出版社有限公司
社　　址	北京市西城区椿树街道琉璃厂西街 20 号
邮　　编	100052
电话传真	86-10-65240430（总编室）
印　　刷	天津市天玺印务有限公司
开　　本	880mm×1230mm　1/32
字　　数	220 千字
印　　张	8.5
版　　次	2023 年 10 月第 1 版
印　　次	2023 年 10 月第 1 次印刷
定　　价	38.00 元
发 行 部	010-58815874
传　　真	010-58815857

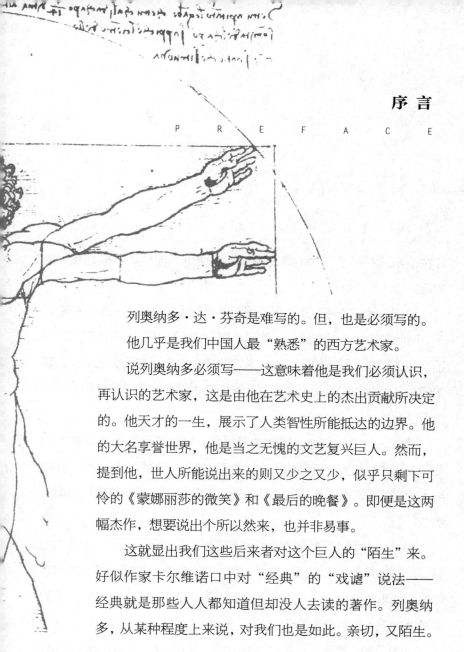

序 言

列奥纳多·达·芬奇是难写的。但，也是必须写的。他几乎是我们中国人最"熟悉"的西方艺术家。

说列奥纳多必须写——这意味着他是我们必须认识，再认识的艺术家，这是由他在艺术史上的杰出贡献所决定的。他天才的一生，展示了人类智性所能抵达的边界。他的大名享誉世界，他是当之无愧的文艺复兴巨人。然而，提到他，世人所能说出来的则又少之又少，似乎只剩下可怜的《蒙娜丽莎的微笑》和《最后的晚餐》。即便是这两幅杰作，想要说出个所以然来，也并非易事。

这就显出我们这些后来者对这个巨人的"陌生"来。好似作家卡尔维诺口中对"经典"的"戏谑"说法——经典就是那些人人都知道但却没人去读的著作。列奥纳多，从某种程度上来说，对我们也是如此。亲切，又陌生。

好在他永远在那里，如山峰，我们抬头便见。他也从不拒绝我们的亲近。

说列奥纳多难写，这是因为他距离我们太过遥远，几个世纪走过了。时间在很多人事变迁上，都显示出它的无情和不动声色来。他的不少画作损毁，留下的笔记中，内容涉及个人生活的又少之又少。想要通过各种散佚资料，来"复原"这位艺术大师，其工作量和工作难度可想而知。

尤其，他一生兴趣广博如浩瀚星辰，以今天我们所接受的专门化单一训练，想要接近他的人生，真时时有"不自量力"之感。好在与大师之间的差距，激起的不是挫败，而是强烈的兴趣与攀越山巅的勇气。

不过，列奥纳多似乎为我们留下了顽皮的微笑——一个靠近他的缺口。他虽然是举世公认的天才人物，甚至完全当得起哲学家罗素对维特根斯坦的评价——"天才人物的完美典范"，但他却并非常见的那种咄咄逼人不易相处的天才。

他很平和，喜欢开玩笑，热爱时尚，喜欢打扮。他有十分平凡的一面，正是这一点让他在几个世纪后，仍然与我们血肉相连。我们不会将他看作一个神或半神，而是一个非凡的人，是我们中的一员，是我们中最杰出的一员。

列奥纳多相貌英俊，气度优雅迷人，谈吐充满机智，这些都让与他同时代的很多人愿意接近他，爱慕他。与他同为"文艺复兴三杰"之一的拉斐尔，就是他忠实的追随者。

不过，他也像我们一样，有讨厌他的人。这个人不是别人，是文艺复兴三杰中的另一位，伟大的米开朗琪罗。他们是截然不同的人，气息不投，难免相互厌烦。但这都无损于他们的伟大。

当然，天才也有天才的烦恼。甚至，天才的烦恼更大、更多、更深刻、更持久。当他周旋于一个又一个令人闻风丧胆的赞助人时，我们不得不为自己能够做着一份平庸但安全的无聊工作而感到庆幸。

为了能写好列奥纳多——至今，我也不敢大言不惭地说我的笔能接近大师的万分之一，我只敢说说我为写作大师所做的各项准备。毕竟，这两年来，我的注意力几乎全在他身上了，我与他日夜相伴，几乎比任何热烈的恋人还亲密。

我搜集了大量的资料，史学的，艺术的，评论的，各式各样，只要看见列奥纳多字样的，必定买来翻看。其中不乏一些盛名之下其实难副的著作，也有一些闪烁着真知灼见。这样一番准备后，我才开始动笔。

但愿我的笔，能不辜负逝去的光阴——那些日日夜夜的焦虑和折磨，以及令人难忘的欣喜和收获的瞬间。

目 录

C O N T E N T S

第一章

来自芬奇镇的天才少年

天才人物的完美典范

1452 年，当古老的东方古国中国还是大明王朝的时候，在遥远的亚平宁半岛，在这个自然资源匮乏的国度，后来为世人所熟知的艺术之邦意大利，一场轰轰烈烈的、影响至今的文艺复兴运动正在开启人类新纪元。

就在这一年，一个全能型天才人物，后世任何时候提起来都觉得如仰望勃朗峰的人物诞生了。他就是蒙娜丽莎之父，列奥纳多·达·芬奇。

列奥纳多一生，横跨十五、十六世纪，即使在群星璀璨的文艺复兴时代，他也依然是最夺目的那一颗。用他的学生梅尔奇在一封信里称赞他的话来说，那就是"他是上帝所能创造的最完美的人，此后再也不会有的那个人"。

我们所熟知的文艺复兴三杰——达·芬奇、米开朗琪罗、拉斐尔，都诞生在这片贫瘠的半岛。列奥纳多是三人之中最年长的一位，也是最为全能的一位。他不仅是画家，还是工程师、建筑师、解剖学家……凡是人类所有的学科，就没有他没有兴趣没有研究过的门类。我们今天很难想象，一位文艺复兴时代的艺术家，早在几个世纪之前就幻想过机器人的世界。

他还做过详细的鸟类飞行研究，对人类插上翅膀翱翔蓝天的梦想很是着魔。在他留下的大量手稿中，我们会看到诸多此类研究，并能见到他设计的飞行器。

他始终做着一个关于飞翔的梦。他在笔记里记录鸟类不同阶段不同条件下的飞翔情况，并写下了充满深意的预言："巨鸟的第一次飞翔，将会令整个世界瞩目。在它的出生地，它永恒的名声被记载。"很多年以后，当莱特兄弟在空中飞翔的时候，确实全世界为之目瞪口呆。

又或者，今时今日的翼装飞行爱好者，这些冒险家们，都是列奥纳多·达·芬奇这个梦的践行者。

此外，列奥纳多还是个军事工程师，他设计过不少军用器械，也主持过城市防御工事。

他也是水力学家，对水流有过许多细致入微的研究，对涡旋的痴迷伴随他一生。为此，他设计了河流改道，也设计改进了运河挖掘器械。

还没有完，他还解剖过几十具男女老少的尸体，甚至世界上第一例解剖发现并记录了动脉硬化的人也是他。

他还精通音律，会弹琴，会服装设计……简直是全知全能的人物。

也因此，曾有人感到遗憾，假如达·芬奇的手稿能早点为世人所知晓的话，那么人类将在许多学科的道路上提前进步至少两百年。

当然，这或许就是天意。

对后人来说，他是一座取之不尽用之不竭的宝藏。英国哲学家罗素曾经用"天才人物的完美典范"这样的评语评论哲学家维特根斯坦，世间能担得起这样评价的人实在不多。且不说它的限定条件是"天才人物"，如此苛刻，一棒下去，大浪淘沙，只剩下寥若晨星的一小群人。

光是"天才人物"还远远不够，还需要是这群精英中的精英，是"典范人物"，经得起千秋万载的汰洗，一代又一代人的解读与挑刺。这样的人在漫长的历史长河中，实在少之又少。

但似乎造物主对某几个人格外偏爱，创造了几乎不可能的人物。其中，列奥纳多·达·芬奇就是这样一个人物。通过上面我们列举的种种不可思议的科学研究，我们不难发现，他确实是个难以超越的"全才型"艺术家，跨学科——甚至，以上还未能罗列出达·芬奇研究的十分之一。

如此罕见的"跨界"艺术家，在他之前没有过，在他之后，随着学科门类越来越精细化越来越专业化，再次诞生这样的艺术家可能性也变得越来越少。他的"跨界"可不像今时今日的玩票行为，而是专门研究，且留下很多富有启发性的大胆构思。

尽管在整个文艺复兴时代，像他这样的跨界人士还很多，但如他这样跨界成功，且各个领域都有不俗表现的人几乎没有。即便天才如米开朗琪罗、拉斐尔，他们也掌握很多领域的知识，但若论起博学，达·芬奇的地位无人撼动。

他就是标杆式的人物，是造物主所能创造的完美人物。

每当我们想洋洋得意的时候，只要想起他那张脸，甚至只需想想《蒙娜丽莎的微笑》，便感到这种猖狂的可怜；

每当我们想为自己的懒散寻找借口的时候，只要想起几个世纪以前，有人能自由穿梭多个学科，我们便会感到那个借口的苍白……

难道，他除了博学多才就完了吗？

没有。

他风度翩翩，长相秀美，形容举止优雅而高贵。换句话说，他是一位相貌英俊的天才！

或许，这样一位完美典范的出现，就是为了让世人奉献自己的敬意。

对世间曾有过这样一位艺术大师，我们深感荣幸，为我们能看到他那不朽的杰作而感到庆幸。毕竟能与大师隔空交流，也是种难言的幸运。

■ 母亲的身世

列奥纳多留下的杰作中，有不少令人过目难忘的女性形象。这其中不消说有举世闻名的蒙娜丽莎、抱银鼠的女子、岩间圣母……不论是世俗意义上的女性，还是宗教性的圣母，列奥纳多笔下的女子通常都浸透着一股神秘、优雅、宁静的气息，这些不同的女性形象，仿佛某种追寻——生养天下的母亲，究竟是怎样的？

母亲，这一身份，对于任何人来说都是至关重要的。她是诞生我们的人，给我们生命的人。很显然，列奥纳多父亲这一支留下了不少资料，关于他母亲的身份却一直众说纷纭，莫衷一是。有人说她是一名女奴，还有的人则声称她来自遥远的东方，具有中东人的血统。

从列奥纳多的祖父留下来的施洗出席人员名单中，他的母亲踪影难寻，仿佛一个不存在的幽灵。按理说，她是孩子的生母，无论如何都该被"记录在案"的。然而，并没有。

她究竟是谁？许久以来，她像另一个女士蒙娜丽莎一样，神秘莫测。人们只知道有这么一个人存在，却无法得知她的任何信息。

俄国作家梅列日可夫斯基曾经在一本《列奥纳多·达·芬奇罗曼史》中这样描述过他的生母身份：卡泰丽娜出生于芬奇镇当地一户农家，自幼父母去世。1451 年的春天，一位年轻的公证员皮耶罗·迪·塞尔·安东尼奥·达·芬奇受邀来到安齐亚诺处理公务。在一家酒馆里，年轻的卡泰丽娜为年轻的皮耶罗倒酒。这个年轻人后来承认，当他第一眼看见卡泰丽娜的时候就爱上她，并为她推迟自己回佛罗伦萨的日子。

就是在此期间卡泰丽娜怀孕了，腹中孩子正是列奥纳多。闻听此事的老安东尼奥非常震怒，立刻将儿子召回，并迅速安排了儿子与门当户对的一位小姐阿尔比拉的婚事。

这些如在目前的事情出自作家带有小说意味的作品，真假信息混杂。事实上，皮耶罗在与卡泰丽娜相爱的时候已经订婚，这件事情倒是极有可能的。但据说那个小酒馆并不存在，而卡泰丽娜也不是什么酒馆里的服务生。自然，她也绝非过去那些研究者所以为的那样——一个奴隶。卡泰丽娜是一个当时只有十六岁的贫苦乡下少女，这份资料来自不久前牛津大学的艺术史家马丁·肯普，以及佛罗伦萨的档案研究人员吉皮乌斯·帕兰。

根据他们的研究成果，我们知道卡泰丽娜出生于 1436 年，她还有个弟弟，自幼失怙是对的。他们过得相当贫苦，卡泰丽娜姐弟俩原本出身就不好，是托斯卡纳地区的贫苦农民。这还不够，当她十四岁那年，她彻底沦为一个丧失双亲护佑的少女。她只好和年幼的弟弟一起来到祖母家，由祖母照顾他们。

遗憾的是，老祖母年老体衰，一年后撒手人寰，这对只有十几岁的少女来说不啻晴天霹雳。此后，她要带着小弟弟自谋生路。

这一年的 7 月，她遇到了命中注定的人物，皮耶罗。一个是 16 岁的少女，一个是 24 岁的青年。一个是贫苦无依的农家姑娘，一个是意气奋发的佛罗伦萨公证员。任谁也不会认为这是门第相当的选择。但爱情的发生往往就是这样奇妙，它从不理会世俗的规矩。门第、年龄、种族，这些在爱情那里统统都能够轻松跨越，甚至有时也总出现在婚外相遇的男女身上。这是它淘气天真的地方，也是叫人头痛惹人怜爱的地方。能怎么办呢？遇到爱情，谁都无法幸免于一场心动和心痛交织的经历。这是爱情和婚姻特别不同的地方。

它还伴生着巨大的风险，它极不稳定，说来就来，说走就走，没有一个招呼。卡泰丽娜一定从一开始就没做过嫁给皮耶罗的美梦，从小饱受贫苦折磨的女孩子，比谁都清醒爱情的梦将止步于婚姻的大门前。

换句话说，她只能赢得他的爱情，却无法换取他的婚姻。与他婚配的自有其人，一位佛罗伦萨当地有名的鞋匠的女儿。他们的家庭出身相配，这样的联姻可谓珠联璧合。来自中产阶层的一对青年男女，一个可以提供丰厚的嫁妆，另一个可以提供体面的社会地位，这桩婚姻无论怎样看都是百利而无一害。要硬说有害，那大概就是对卡泰丽娜母子了。

怀有身孕后卡泰丽娜将在哪里度过她的孕产时光呢？住进皮耶罗的家显然是不可能的，皮耶罗自始至终并未想过要娶她。如今，托斯卡纳当地的导游会告诉你，列奥纳多的出生地其实是安齐亚诺地区的一座普通农舍，现在那里成为纪念列奥纳多的博物馆。

卡泰丽娜是如何到安齐亚诺村的呢？这里距离芬奇镇大约两英里，在小镇靠北的方向。那里的田产曾经一直属于列奥纳多父亲的朋友马沃托家族，马沃托后来也成为列奥纳多的教父。老安东尼奥的记录里，还曾有过他帮马沃托家族公证过财产合同，此后皮耶罗也买过一小部分那里的田产，可见两家是世交。

由此想来，卡泰丽娜住在皮耶罗朋友家的农舍里待产就显得十分合理了，在她所住的农舍旁住着当时还健在的七十岁高龄的马沃托母亲。卡泰丽娜在生下列奥纳多不久，她和皮耶罗"分道扬镳"，各自有了自己的婚姻生活。

这应该是来自皮耶罗家的安排。卡泰丽娜嫁给了当地一个窑工，名叫阿卡塔布里加。人称"挑事者"或"捣蛋鬼"，这是他的绰号。从此，列奥纳多有了一个捣蛋鬼继父。

但捣蛋鬼似乎并不捣蛋，他们婚后接连生了四女一男。多年后，他在皮耶罗租赁的一个石灰窑里工作过。可见他们两家始终保持着亲密友好的关系。

皮耶罗家族的安排，虽然出于某种世俗利益的算计，但也不能完全说毫无益处。卡泰丽娜，一个贫苦无依的乡下姑娘，总算有个可靠的人，一个还算温馨的家。这对于多数追求平凡稳定生活的女性来说，自然是好事一件。

倒是皮耶罗，他和阿尔比拉婚后一直都没有孩子。这种情况一直到列奥纳多二十四岁的时候，在他的第三次和第四次婚姻时，他才弥补了这个天大的缺憾，一口气生了十一个孩子！

有关列奥纳多的生母，大概的情形就是这样。她在列奥纳多的成长过程中不可或缺，并在晚年失去依靠后，得到了列奥纳多的照顾。这都是后话。

此时，列奥纳多需要的是一个充满自由的乡村童年，一个沐浴在托斯卡纳艳阳下的童年。那里的山谷，有世间最美的模样。

▪ 童年的山谷

列奥纳多是个地道小镇青年，正如他的名字所示，达·芬奇，表明的不过是来自芬奇镇的人而已。芬奇镇，地处托斯卡纳地区，那里山川俊美，小镇上还有古老的城堡和漂亮的教堂。这些在今人看来无比吸引人的所在，在当时的人们眼中可就未必如此了。

与列奥纳多同时代的的人就曾这样描述过芬奇镇，说那是一个不开化的埃特鲁斯村庄。言下之意，那是毫无教养的地方，"蛮夷之地"，距离文明还很遥远的穷乡僻壤。事实上，这是有些夸张了。芬奇镇，除了有古老的建筑外，还有优美的自然环境，距离文艺复兴的中心佛罗伦萨，在当时需要一天的马车路程。

佛罗伦萨在意大利中部，是一座古老的艺术之都，今天这是人所共知的标签。然而，在当时作为推动文艺复兴的第一个力，强大的美第奇家族还在等待着这个旷世天才的诞生。这里很有必要对美第奇家族稍作介绍。

佛罗伦萨是文艺复兴的发祥地，在这块宝地聚集了众多天才式的人物。这都与历史上最知名的艺术赞助商，美第奇家族密不可分。这个家族的祖先也只是托斯卡纳地区的普通农民，后来他们做起了羊毛生意，渐渐地，经过几代人的努力，他们在 15 世纪初期掌握了佛罗伦萨的控制权，成为当地最显赫的家族。

这个家族统治佛罗伦萨长达四个世纪，在这几百年间，诞生过三位教皇两位法国皇后。这是一个热衷艺术且品味不俗的家族，出手慷慨且很少干预艺术家的创作，这给艺术家的创作带来极大的自由和便利。他们开明且目光如炬，在他们的支持下，很多艺术天才走上了辉煌的创作道路。在 1452 年，列奥纳多诞生的时候，佛罗伦萨已经是个艺术气息极为浓郁的城市了。他的前辈们或已成名，或正在寻求人生的出路，而他们几乎无一例外地得到了美第奇家族的支持和赞助。

所有的一切都在等待着，欣欣向荣的一切都在等待着，托斯卡纳的红色黏土与低矮的丘陵也在等待着，等待一位从未有过的巨人诞生。这真的是最好的时代。

时代呼唤不朽天才。

列奥纳多应运而生。

因为私生子的关系，他不得不自一出生起就与父母分离。有人曾猜测过列奥纳多的童年应该是和继父母亲一起生活的，但一份 1457 年的税收普查记录显示，他的童年是与闲云野鹤一般的祖父母一起度过的。在老安东尼奥列出的家庭常住人口中，列奥纳多的名字赫然在列。"列奥纳多，塞尔·皮耶罗的儿子，是他和卡泰丽娜（现阿卡塔布里加之妻）的非婚生子。"

皮耶罗的家族在佛罗伦萨做公证员，已经有好几代了。他们的家族史可以追溯到 14 世纪初，列奥纳多的曾曾曾祖父已经在芬奇镇作公证员了。因为佛罗伦萨商品经济颇为发达，很多交易如地皮、田舍，甚至遗嘱等，均需公证员的公证。他们的家族事业也随之越来越发达。

到了列奥纳多的祖父，老安东尼奥这一代，他虽然娶了位公证员的女儿，但他们似乎都很喜欢过清静的日子，没有什么野心。不像他的儿子，也就是列奥纳多的父亲皮耶罗。皮耶罗总是雄心勃勃，喜欢在佛罗伦萨闯荡，而非在芬奇镇这种乡下地方度日。

老安东尼奥的生活主要靠家族拥有的土地来维生。土地出租给农民，他们产出为数不多的酒、橄榄油和小麦，但这对他们来说已经足够了。

老安东尼奥就喜欢在乡间生活，与自然相伴是再好也没有的事情了。

和列奥纳多一起生活的，除了祖父祖母，还有一个年纪比列奥纳多大十五岁的叔叔佛朗切斯卡。佛朗切斯卡是个非常有趣的人，游手好闲，完全不像他的哥哥那样积极进取。他被自己的父亲称为"整日闲逛、无所事事的人"。这可真是五十步笑百步，老安东尼奥自己就是这样的人。

多亏了这个"闲人"佛朗切斯卡的存在，这才弥补了列奥纳多心中对父爱的渴望。他既像一个兄长那样对列奥纳多循循善诱，又像一个淘气的玩伴，陪列奥纳多在芬奇镇的花草树木里游戏。更多的时候，他像半个父亲那样。以至于比他晚生几十年的艺术史家瓦萨里（米开朗琪罗的学生）在其所写的名人传中，错误地将佛朗切斯卡写成列奥纳多的父亲。

当然，这一错误也显示出这个小叔叔在列奥纳多生命中的重要性，甚至一度超过了皮耶罗本身。

如今，在芬奇镇，在列奥纳多出生的地方，还保留着他受洗的洗礼池。列奥纳多的童年伴随着花鸟虫鱼的自然世界，此后他一直表示自己热爱乡下生活远胜过繁华的大都市。他的一生绝大多数时间都将在一个又一个大都市里度过，而乡间的美好生活，将永远停留在他的记忆里。

但据列奥纳多自己记载，他的记忆力十分惊人，最早的记忆来自他一岁的乡下生活。他在留下的手稿中，曾有这样一段特殊文字："说到这种鸢，仿佛与我有着命中注定的缘分。当我尚在襁褓之中，我记得好像有一只鸢向我飞过来，并用它的尾巴打开了我的嘴，有好几次甚至在我的嘴巴里拍打。"

关于这个强烈的记忆，在后世的研究者中，比如弗洛伊德眼中，鸢的形象就成为无比强烈的象征，那是一种性暗示，也许预示着列奥纳多的性取向。

弗洛伊德并通过这个意象，认定列奥纳多对母亲有很强的依恋心理，也就是俗称的恋母情结。这不能说毫无道理，但是弗洛伊德似乎有些"概念先行"了。

不过，在这本名为《列奥纳多·达·芬奇和他的童年记忆》书中，弗洛伊德之所以会犯错，完全是因为他所参考的德文版将"鸢"错写成"秃鹫"。弗洛伊德就此开始他的"错误之旅"，他先是从"秃鹫"这一词在古代埃及的强烈象征意义开始，认为"秃鹫"和"母亲"大有关联。这一错误令他自己羞愧难当，当然，这都是后来的事情了。

他之所以能有如此无与伦比的创造力，盖源于此。弗洛伊德此言一出，立刻遭到各种非议，激烈批评声不绝于耳。有艺术史学家用含有讥讽的语气说道："至少对我来讲，这样的分析，更能揭示的是弗洛伊德自己的心理而非列奥纳多的心理。我们对几个世纪前的人做这样的心理分析，我们应当对这种不确定性特别警惕。列奥纳多的这个童年记忆，与其说是性的象征，倒不如说是他对鸟类飞翔的兴趣记忆。"

童年的乡居生活，对列奥纳多的影响是一生的。他热爱大自然，热爱乡下，这在后来的创作中也多有体现。他热衷绘制托斯卡纳地区的地理水文图，甚至还煞有介事地记录过乡下杀猪的情形。芬奇镇的名字，原来在拉丁文中是一种柳树的名字，流经芬奇镇还有一条芬奇河。这里独特的山形地貌自然风光，吸引着小列奥纳多。

童年的山谷里，留下的不仅是虫鸣与鸟叫，溪流与树影，还有列奥纳多成长的印记。我们完全可以这样说，大自然才是这位巨匠的第一位启蒙老师，天地有大美而不言。正是在乡间的生活，才有了列奥纳多对美的第一次认识。

■ 家中的"局外人"

私生子的身份尴尬，他是某个人的子女，却又仿佛天然地比婚生子女矮了一个头。这种来自世俗伦理的看法，不仅是别人的，那些毫不相干的人们的，也是旋涡中心的人的。人们会不自觉地在意自己的身份——哪怕是驳斥，那也是因为在意，这种刻意的背后就是难以释怀的身份焦虑。

列奥纳多的情况正是如此。他既属于皮耶罗家族，是这个家庭中的一分子，同时他又游离于家庭的边缘。"属于"又"不属于"，这种矛盾且难解的境遇，使得他成为家族中名副其实的"局外人"。

不过，他依旧得到了家庭中祖父母和叔叔的疼爱。那个不那么有事业心的叔叔，整日游手好闲的叔叔，看起来比皮耶罗要孩子气和温情脉脉。他没有继承家族的公证员事业，后来成为一名普通的小商人。

很多年以后，当他去世的时候，他在自己的遗嘱中写明将遗产赠予他心爱的侄子——列奥纳多。而那时，列奥纳多已不在佛罗伦萨，身在米兰。列奥纳多的那些同父异母的兄弟们却因此和他打了一场旷日持久的遗产官司。

不过，这是很久以后才有的事情了。

眼下的小列奥纳多，还是个乡下孩子，纵情于芬奇镇的山野风光，和一家人过着幸福稳定的生活。他并不想要改变现状，也许也不曾想过出走芬奇镇。他在芬奇镇的乡村一直生活了 12 年。在他 5 岁以前，他甚至和继父母亲一家也来往密切，因为他们住在距离祖父房子不远的农舍。后来他们举家迁往佛罗伦萨。

事情的变化发生在 1464 年，这一年列奥纳多 12 岁，正是个懵懂的少年。皮耶罗的妻子阿尔比拉因难产去世，连同她一起死去的还有皮耶罗的孩子，那是皮耶罗寄予厚望的孩子。皮耶罗始终没有为列奥纳多取得合法身份，这一诡异做法令人不解。因为根据当时当地的做法，皮耶罗公证员的身份，想要让列奥纳多的身份合法化特别容易。据说他们父子只需要找个处理此类事务的地方官，让私生子跪在父亲面前，然后由父亲口头提出申请即可。

如此简单易于操作的事情，皮耶罗却始终没有去做，不得不令人多想这一叫人费解的事情背后究竟是如何发生的。何况当时的他尚无任何子嗣，只有列奥纳多一人。

我们只能猜测皮耶罗对列奥纳多的感情淡漠，更或许他是个思想特别保守的人，尽管自己生下了一个私生子，却无力面对。他还是期待一个名正言顺的婚生子女继承他的公证员事业，或者这才是他真正想要的。

他以后自然会满足这愿望的。因为他在第三第四次婚姻后，拥有了至少11名婚生子女。但他此刻却无力办到，尤其当妻子因难产而亡后，他的心情难免沮丧异常。

不久后，他的父亲也去世了，这可真是祸不单行。我们没法准确知道皮耶罗的想法，但是想必他接二连三地经此打击——妻子、孩子、父亲，一个接一个地死亡，他大概感到悲伤和冷清，于是想将12岁的乡下少年列奥纳多带到自己的身边进行抚养。

也有可能他多年缺失的父爱，在此特殊境遇下莫名其妙地恢复了。他想要进行某种补偿，而过去替他履行这种职责的人是列奥纳多的祖父和叔叔。

那么，少年列奥纳多又是怎么想的呢？他面对这件将会改变他人生轨迹的事情，当时的他是欣然前往还是略有抵触呢？列奥纳多写笔记很少记录私事，即便偶有提及，也是寥寥数语结束，有时甚至只是简简单单的一句话交代了。他从不提自己的心情，也绝少对某个人或某件事下判断。这样对于后世的我们来讲，自然不是一件幸运的事情，因为我们对他的很多重要事情只能靠逻辑推理，而非来自他的本人自述。

不过，也许这就是列奥纳多的个性，非常注重个人隐私，担心自己成为街谈巷议的主角。通常来说，人们面对生活中的重大改变，会有恐惧、回避、向往等多种不同心情，要看具体的人和具体事件。对12岁的乡下少年来说，去文艺复兴重镇佛罗伦萨和父亲一起生活，接受他的教育，究竟是好还是不好呢？我们现在自然明白这是再好也没有的事情，没有皮耶罗的这一决定，也就不可能有我们所熟知的天才艺术家列奥纳多。

但恐怕那个天才少年却不这样想。

他一生始终对田园生活充满美好的回忆与热爱。尽管他在笔记中从未留下过这一事件的蛛丝马迹，但是他成年后所写的一则寓言，恐怕也很能说明他的心理。

他写过一块被树木与花草环绕的石头，面对周围的环境，石头看到山下路上的石头——托斯卡纳地区是这样高高低低的，石头很多，它会作何感想呢？这块石头想的是我在这里干什么呢？我还不如滚到路边和我的同类做伴呢。

可是，滚落路边的石头并不开心，即使是和自己的同类一起。他说石头发现自己简直不堪其扰，来自车轮的碾压、马蹄的践踏和行人的踩踏。这是自然的，一块石头躺在路上不免要受到各种力量的干扰，刚刚被翻了身，马上又要挨上一脚。有时远不止这些，还有泥土和牲畜的粪便，这就更加令石头烦忧了。

此时，它再抬头望着自己的来处，也是徒劳了。列奥纳多然后写下来属于自己的判断："假如一个人背弃独处沉思的生活，选择了充满邪恶之人的城市，那么他也会有这样的遭遇。"

从这则并不怎样高明的小寓言里，我们能够看到小列奥纳多在从乡村迁移到城市的时候，心里大概是不太情愿的。不过这则寓言与其说能反映他热爱乡村宁静生活，厌恶邪恶肮脏的城市，倒不如说他更热爱离群索居的沉思生活，以及终身感到无法融入环境，无法和人真正和谐相处的心境。

一句话，他很孤独，并且他热爱着孤独，或许这才是一个热爱沉思冥想的艺术家所具有的特质。

无论怎样，这个家庭中的局外人终于走出芬奇镇，来到了大都市佛罗伦萨。接下来，他要从这座古都领略来自她的独特魅力，将从这里学习到他一生至为重要的技能与知识，而他也将从佛罗伦萨开启艺术之旅。

■ 翡冷翠的等待

祸福相依这个古老的道理，也许放到任何地方任何时代都有它存在的合理性。面对因私生子身份而不被家族承认的命运，列奥纳多也许要感谢这种安排。某种程度上来说，他不被承认，没有皮耶罗的申请，他将永远地与公证员这一家族传统职业脱钩。

列奥纳多强烈的好奇心，与生俱来的艺术气质，与要求公正客观严格甚至刻板的公证员工作生性相悖。对一个 12 岁的少年来说，初到佛罗伦萨这样的都市难免不适应。但这些是短暂的，更多的新奇和繁荣将如万花筒一般吸引他善变的天性。在刚到佛罗伦萨的几年内，他跟着父亲学习了基础知识。不过，也许皮耶罗没有为他好好请过古典文学方面的老师，列奥纳多一生对古典知识都比较薄弱，拉丁语更是全靠自学的一点底子。

大师的诞生通常是因缘际会，各种因素碰巧了。除了个人天赋外，大师的环境和际遇显得特别重要。这或许是大师总是成堆地来，然后又成堆地走的缘故。我们身处的时代对我们影响重大，几乎决定了我们会成为怎样的人。

纵然天才也不例外，总是某个时代的象征，无法跳脱时代之外。大师们总是生逢其时。

尽管列奥纳多热爱乡居生活，然而他离开乡村，前往佛罗伦萨，才是正确的选择。正如本雅明将巴黎称为十九世纪世界的首都，在列奥纳多的时代，佛罗伦萨就是欧洲的文化中心和商业中心。

这种中心位置的优势自然会吸引到众多艺术家和学者前来学习创作。就像海明威，他青年时代为了写作梦想前往艺术中心巴黎，并且在其后的人生中，不止一次夸赞过巴黎所给予他的礼物。

佛罗伦萨就是这样一座充满魅力的都市。

佛罗伦萨究竟是个怎样的城市呢？对于我们今人来说，佛罗伦萨只有一个标签，那就是文艺复兴发源地。这样说未免太过笼统，有欠具体细节。佛罗伦萨旧译翡冷翠，这一充满诗意和古典韵味的翻译来自诗人徐志摩。众多周知，徐志摩有名篇《翡冷翠的一夜》，不过今天我们都已习惯了佛罗伦萨这一叫法。佛罗伦萨原本的意思就是花神，来自古希腊神话女神，所以鸢尾花一直是佛罗伦萨的标志。

此外，狮子也是佛罗伦萨的象征。花与狮子看起来多么相悖的气质，一个优雅宁静，一个凶猛嗜血，然而这恰是佛罗伦萨。至于那只狮子，原本是美第奇家族的族徽，因美第奇家族对佛罗伦萨的统治，以及其对这座城的贡献，因而狮子也就顺理成章地成为这座艺术之都的象征了。

佛罗伦萨地处意大利中部，是托斯卡纳大区的首府，这里艺术氛围极为浓郁，名家辈出。可以说人杰地灵，诞生了许多杰出人物。在列奥纳多之前，他的同乡但丁，这位文艺复兴时代的巨人，就留下了伟大的诗篇《神曲》。

在《神曲·地狱篇》里，但丁曾借一位"饕餮者"恰科之口诉说了佛罗伦萨肮脏斗争的一面。

"我在阳间的时候，"于是他（恰科）回答："老家在你的城市（指佛罗伦萨）。那里充满了猜忌，简直是麻袋装不下倾轧。你的同乡都叫我做恰科，你看见啦，我在雨中摊着颓躯，是罪有应得……生时只懂得吃喝。受苦者不止我一个，这些人的境遇相同，也因为犯了同样的罪愆。"

"而受刑。"恰科说完，就不再继续。我答道："恰科，看见你境遇可怜，我为之戚然，心情沉重得想哭。不过可能的话，请为我明言，这分裂的城中，居民有什么前途。当中可有义人？同时告诉我，该城遭受分裂，是什么缘故。"恰科说："他们会长期互斗……正直的人只有两个，但是没有人听他们：骄傲、嫉妒和贪婪好比三颗星火，使一切人的心熊熊燃烧。"

这就是但丁笔下的佛罗伦萨，也是他的故乡。不过作为欧洲文化的发祥地之一，作为举世闻名的古都，佛罗伦萨当然不止这些肮脏的一面。正如一个伟大人物，瑕疵有多大，光芒就有多灿烂，一座了不起的城市也是这样。

文明开化的程度，一定是和教育科技文化商业等各种因素捆绑在一起的。佛罗伦萨的识字率居于欧洲之最，是名副其实的文明中心。我们了解这些对我们了解列奥纳多成长的环境很有必要，这样我们才能够清晰地看到要成就一个大师一群大师，需要怎样的时代环境。

在当时，我们没法想象列奥纳多如果一生从未从芬奇镇出走，他是否会有所成就。他会连获取知识的渠道都没有，至少也会受到很大限制，更别提后面的名师高徒，以及众多同行之间的学习交流了。

这就是城市的魅力，无数的资源汇集于此。

因此，有不少人认为没有哪个城市，能像 15 世纪的佛罗伦萨那样为创造力提供丰厚的土壤。过去佛罗伦萨地区的贸易手工业主要依靠的是毛纺，著名的美第奇家族就是做羊毛生意起家的。但到了 15 世纪，佛罗伦萨在美第奇家族的治理下，成为艺术与金融的中心，各种行业行会林立，为专业技术的发展，和同行之间的交流提供了便利与许可。

在当时，各类作坊多得难以计数。据统计，在列奥纳多十岁的时候，佛罗伦萨已经拥有 84 名木刻工匠、83 名丝绸工匠和 30 名绘画技师，以及略超过这个数字的珠宝匠人。今天在佛罗伦萨的街头，我们仍然能够看到古老的匠人，还有美第奇家族当年拥有的制作工坊，如今是两兄弟在经营，那里雕刻的是一种特殊材质的石头。将五彩斑斓的石头雕刻成各式各样的装饰品，其奢华与对工艺水平的要求，足见当年的佛罗伦萨是怎样的繁华。

这自然是上流社会或富商才用得起的东西，这也许是那位作家称赞佛罗伦萨城里有不少衣着优雅的富人的缘故吧。

衣着优雅表明的是文明的教养和良好的审美品位；而一群有着良好艺术品位的富人，对艺术家的支持，对于推动艺术创造是再好不过的事情了。

当地的佛罗林金币也因其纯度高，成为通行全欧洲的标准货币。商业的繁荣必然带来大量的人才与资本，周边行业也就应运而生。不同身份背景的人来到佛罗伦萨，又给这座城市带来新鲜的活力。大家聚集在一起交流思想，新想法层出不穷，新创造之间暗暗较量，这些都为一座伟大的城市提供可能。

15 世纪的佛罗伦萨聚集了一大批博学多才的艺术家，他们中有不少人身兼多职，其中又以建筑学家为多。今天佛罗伦萨的标志性建筑——圣母百花大教堂，就是那个时候建筑师布鲁内莱斯基设计建造的。尤其它恢弘庄严的世界最大的穹顶，它所能说明的不仅是佛罗伦萨的财力和设计师的智力，更能说明的是这是一座科技与艺术取得双重卓越成就的城市。而科学研究与艺术创造，正是以后列奥纳多的一生所爱。

建筑师和艺术家聚集一起讨论透视法，讨论黄金法则，数学家也会参与其中。木匠石匠等匠人将他们的设想一一实现，他们共同装饰了这座城市里的一百零八座教堂。

随着时间的发展，商店化身工作室，商人成为金融家、银行家，而手工艺人则在美第奇家族的支持下，逐渐脱离过去地位低下的匠人身份，成为名副其实的艺术家。

佛罗伦萨的富人们，则忙于兴建宅邸和吹捧艺术家。尽管他们的目的可能未必是出于热爱艺术，仅仅是为了附庸风雅，或为了炫耀自己的财富。但不得不说，他们不俗的艺术品味和他们对绘画、建筑、雕塑、诗歌等艺术的赞助，对艺术的推动力不言而喻。

这是一座热爱艺术和学问的城市，一位诗人曾写道："世界上再没有比这里更美的地方了。"城市的富足，让一部分人衣食无忧，也为新鲜的需求提供财力支撑。

富足的生活，人们就开始享受艺术，并热衷各式各样的节日庆典，以此打发生活的乏味无聊。能够举办盛大庆典的人，自然不是一般人，而是这座城市的掌权者美第奇家族。

美第奇家族用各种奇幻庆典来满足佛罗伦萨人对新奇和嬉戏的需要，以此"讨好"他治下的民众。15 世纪 30 年代开始，美第奇家族里的柯西莫接管家族银行后，就将它壮大成为欧洲最大的银行。柯西莫是个极有野心且很有权谋的人，他通过贿赂和密谋使自己成为佛罗伦萨实际上的掌权者。这个家族热爱艺术，品味不凡，也因为他的支持，佛罗伦萨开始成为人文主义的摇篮。

与此同时，柯西莫还是一个古典文化的爱好者，他对古代的手稿很是迷恋，收藏成癖，对古希腊古罗马文学倾心得很。这自然促成了后面文艺复兴的"复古"时尚。古典文化的复兴，这自然是文艺复兴时期的主要内容。不过世人皆知，文艺复兴的复古是假，创造是真，这是来自后世法国思想家伏尔泰的犀利观察。

柯西莫创建了佛罗伦萨的柏拉图学院和第一个公共图书馆。真是难以想象，在 15 世纪初，佛罗伦萨就有类似大学的教育机构和为市民开放的公共图书馆。因为有了这些文化机构，大量的学者在那里传授知识，讨论交流，极大地促进了佛罗伦萨的思想传播。

此外，艺术家安杰利科和菲利普·利皮，以及多纳泰罗都得到了柯西莫的赞助。

就这样，他播下了文艺复兴时期最重要的人文主义种子。

当 1464 年，十二岁的列奥纳多离开芬奇镇的那一年，一个美第奇家族的伟大人物刚好接掌家族事业。他就是被世人称作"伟大的洛伦佐"的洛伦佐·德·美第奇。

洛伦佐的成长经历对他后来影响很大，众所周知，洛伦佐是史上资助艺术家最慷慨的赞助人了。比起赚钱，流水般的花钱，尤其是花在艺术家身上，他更加快乐。

让我们看看他曾资助过的艺术家，那些响当当的大名列出来，我们就能明白为何他被称为伟大的洛伦佐。波提切利、米开朗琪罗、拉斐尔、韦罗基奥、吉兰达约，包括我们的主角列奥纳多·达·芬奇。

洛伦佐从小就接受最好的教育，他的母亲是一名诗人，因而他自小就接受了人文主义哲学熏陶。此外，他还是一名运动健将，狩猎、养马，无所不能。看得出来，美第奇家族是将他作为一名杰出的文武全才的继承人来培养的。

在他的慷慨资助下，艺术家们得以悠闲地交流创作，激发了无穷的创造力，这种交流无疑是鼓励了那些掌握多种知识的人。整个佛罗伦萨都准备好了，在等待一名真正的艺术大师。

而那位艺术大师，在起跑之前，首先要学的第一课，将从韦罗基奥的作坊开始。

第二章

初入画坛

■ 未曾谋面的导师

人的一生总会遇到这样那样的老师，良师难求，尤其是那些对我们人生有着重塑作用的导师。有些导师我们与他们过从甚密，有些导师却无缘得见。对列奥纳多来说，他人生的真正导师，人所众知的是雕塑家韦罗基奥。

人们所不知道的是，对他有着重大影响的两位大师，建筑家布鲁内莱斯基和阿尔贝蒂。当列奥纳多还是个十几岁的少年，阿尔贝蒂已经是六十多岁的老人了，且长居罗马。因此，他们大约是没有机缘见面的。至于伟大的布鲁内莱斯基，则在他出生之前就已去世了。

布鲁内莱斯基最为人熟知的作品就是今天的佛罗伦萨标志性建筑，圣母百花大教堂，这是艺术和科学的结晶。他和列奥纳多一样，出身于一个公证员家庭。他原本是个金匠，这一点和他的老师韦罗基奥一样。金匠当时所属的是丝绸织造行会，这个行会里除了有金匠，还有其他雕刻工匠。这对兴趣广泛的布鲁内莱斯基来说无疑是个重大帮助，他从这里学到了不少造型与雕刻的技术。

他的好友雕塑家多纳泰罗也和他一样是金匠出身。当他逐渐发现自己的兴趣在建筑方面时，他们曾结伴同行，考察了很多古罗马建筑遗迹。他们还一起测量了万神殿的穹顶，这或许也是圣母百花大教堂那个穹顶的前期准备吧。

当然，功课远不止这些，维特鲁威留下的《建筑十书》自然是他的必读书籍。为了建造百花大教堂那个世界上最大的砖石穹顶，他做了大量的数学模型，还设计了起重的器械。布鲁内莱斯基的另一大贡献是重新发现并推进了古典透视理论，他为此做了一个十分著名的透视实验——这些后来都被列奥纳多所继承发展，列奥纳多一生都是科学实验的信徒。

布鲁内莱斯基按照透视法，先在画板上绘制了教堂对面的圣若望洗礼堂，然后他在画板上面钻了一个孔，面对着洗礼堂，让自己的眼睛靠着画板背面。接着他拿一个镜子，放在不远的距离，让镜子能照到画板上面的圣若望洗礼堂。通过不断移动镜子，观察镜子中的图像和实际的洗礼堂能否重合。通过这个透视法实验，他得出了写实主义绘画的要点是在二维的画面上呈现出三维的效果。

在实验成功之后，他又通过实验展示了什么是灭点，也就是两条平行线在无限远处相交的视觉错误。他的这一系列实验，改变了当时的画坛，不仅对绘画，对光学、建筑等领域都产生了深远的影响。

另一个导师阿尔贝蒂，他和列奥纳多一样是个私生子。不过他的私生子身份得到了父亲的承认，他接受了传统的教育，这一点和列奥纳多基本靠自学不同。他还在博洛尼亚学习了法律，甚至成为教皇的书记官。

在他三十多岁的时候，他完成了传世名著《论绘画》，他曾经将这本书献给布鲁内莱斯基。这是一本讲绘画和透视法的杰作，毫无疑问，这是列奥纳多此后绘画的"圣经"。

阿尔贝蒂和列奥纳多有很多惊人的相似之处，除了私生子之外，他们都是兴趣广博的艺术家。他们热衷交友，上至宫廷中的上流人士，下到普通鞋匠，他们总能与对方和谐相处。此外，他们都是长相俊美的人，且未婚。和列奥纳多只喜欢自娱自乐的研究不同，阿尔贝蒂是个喜欢分享的人。

他喜欢写作，并将它出版，引起大家的关注讨论，他喜欢用自己的知识与思想去影响他人。列奥纳多对此似乎没有什么欲望，与其说去影响同类，列奥纳多更热衷研究那些奇奇怪怪的现象。

在阿尔贝蒂的著作中，他拓展了布鲁内莱斯基的透视法。这位喜欢数学的艺术家，他的研究成果不仅影响了绘画领域，也影响了当时的舞台设计和地图绘制。而他关于优雅的三个要点说明，更是列奥纳多一生的"准则"。

阿尔贝蒂魅力非凡，这一点列奥纳多同样如此。阿尔贝蒂说："一个人必须在三件事情上做到风度翩翩——走路、骑马、言谈，这三件事中的任何一件都要令周围人感到美好舒服。"列奥纳多可以说以无可挑剔的完美，执行这项特殊的"遗产"。

这两位特殊导师，虽然未与列奥纳多见过面，但是他们留下的作品，确成为他研究的对象和行为准则。他们如铁轨的两边，"规定"了列奥纳多行走的方向和标准。而那位真正的导师——韦罗基奥，一位天才艺术家的导师，又是怎样的人呢？

■ 韦罗基奥工作室

在列奥纳多的时代，我们很有必要知道，起初艺术家的地位还很低微。他们还不是能够被称为艺术家的人，只是身份卑微的匠人，正如上面所提到两位伟大艺术家一样，他们都只是金匠出身。

韦罗基奥也是一名金匠，他在佛罗伦萨靠近皮耶罗的办公室地方，有一家自己的作坊。最初的画室、工作室，并没有后来所说的那样高大上，他们只是作坊，流水线生产作业，承接各种业务。一般来说，一个作坊里的学徒们要和老师一起学习工作，来了任务以后也是一起完成，一件作品上往往会留下很多人的痕迹，这给后世的辨认带来了不少麻烦。

而这就是列奥纳多做学徒时候的境遇：韦罗基奥比列奥纳多年长

十七岁，曾经的他是个血气方刚的青年，在列奥纳多出生的那一年他曾因为和人争斗，失手将对方刺死，后来双方达成了谅解协议。韦罗基奥是列奥纳多父亲的好友，皮耶罗帮助他做过好几份公证协议。

韦罗基奥是个出色的艺术家和雕塑家，他的作坊在佛罗伦萨是数一数二的，波提切利和吉兰达约都在这里学习过。也因此，后世将韦罗基奥称为天才导师。

列奥纳多在佛罗伦萨学习了两年基础知识，他在算盘学校里学习过一些基础数学，他的聪慧和好学令老师刮目相看。不过他的代数显然没有几何好，他对几何的兴趣也保持了终身。这种对于图形的偏爱，也许和他作为一个画家很有关系。

在他 14 岁的时候，皮耶罗找到了自己的老朋友韦罗基奥，询问他是否能收列奥纳多为徒。据后来的传记作家瓦萨里的描述，韦罗基奥见到列奥纳多之后，震惊于这个孩子惊人的天赋，立刻答应收他为徒。而此前，皮耶罗对此似乎并不那样抱有信心，他询问韦罗基奥这个孩子如果从事绘画是否有前途。

显然，韦罗基奥的回答让他大为放心。

在韦罗基奥的作坊里，列奥纳多将接触到许许多多的绘画和雕塑技巧。透视、解剖学、力学等，以及一些具体的绘画技巧，比如衣褶和光影的处理在后来的杰作《蒙娜丽莎的微笑》里，我们都能够看到列奥纳多的师承。

此外，数学、音乐、哲学、文物等都是这里经常讨论的学问。韦罗基奥致力于科学，特别是几何学，这和列奥纳多对图形的迷恋很是契合。

韦罗基奥的作坊里还有球体模型和各式各样的意大利文藏书，这其中就有彼特拉克和奥维德的诗歌。相信同为佛罗伦萨人的但丁作品，这里也是必不可少的。除了这种经典作品，流行文学、寓言故事、幽默故事也不可缺少。

这些都参与构建了列奥纳多的知识结构。

　　当少年列奥纳多来到韦罗基奥的作坊时，作坊里正忙得焦头烂额。韦罗基奥正带着一帮学徒为美第奇家族建造一座奢华的坟墓，与此同时，他们还在铸造一座耶稣和圣托马斯的青铜雕塑。

　　圣母像也是客户们特别热衷的，这种订单多来自富裕的商人。此外，美第奇家族的盛大节日庆典需要各式各样的装饰与设计，这其中也少不了来自韦罗基奥这样的艺术家们的创意。因此，这个作坊可以说是特别忙碌的。

　　因为他们是为客户负责的工匠，因而取悦客户根据客户所需来制作作品也是首要考虑的。换句话说，这里要培养的是熟练的技术高超的工匠，而非拥有独创能力的艺术家。

　　在佛罗伦萨的各种作坊里，这样的人为数不少。但是他们因为没有接受过拉丁文的古典教育，不被视作文化精英，而是视为工匠。不过，艺术家的地位正在发生微妙变化。因为文艺复兴时期的人们，对古罗马艺术的追捧，古典画家的传神妙笔得到人们的热烈赞赏。那时又有阿尔贝蒂的著作影响，画家逐渐成为一种像知识分子一样受人尊敬的职业，在整个社会之中，他们的地位正在日渐抬头。

　　韦罗基奥虽然年轻时曾失手致人死亡，但是他却是个天性温和善良大度的人。他的嫉妒心在艺术家中可谓惊人地缺乏，他的众多弟子后来都比他更为杰出，韦罗基奥却从不嫉妒，而是对此倍感荣幸。

　　他总是和他的学生们一起工作，作品上多数都没有署名，那时大家还不太有作者这个概念，也就是艺术家的概念还没有。再者因为多数是一个作坊里的学徒通力合作，因而也就省却了因署名带来的麻烦，这给后世的鉴定工作带来了极大的挑战。所幸的是列奥纳多是个左撇子，他的众多笔记都因左撇子书写习惯，而一度被人认为是吝啬分享的镜书。这当然是个误解，列奥纳多只是因为左撇子，书写起来的顺序和我们都不一样而已。

　　他的这一特别之处倒是成为如今鉴定他作品的一个重要特征。他的老师韦罗基奥，习惯将一些订单工作交给年轻的艺术家，一来是分忧，二来也是训练。但是他温和的个性，对训练徒弟们的按时完成订单倒是个不折不扣的缺点。

　　他的很多作品都一做就是好几年，而且有不少一直都没有完成。这一不完美的地方，被列奥纳多完美继承了，列奥纳多总是兴趣广泛而容易分心。

　　半途而废，拖延交付，这几乎成为他们师徒的共同特点了。

　　在韦罗基奥的传世作品中，他一直要顶着的一个批评声音就是他匠气十足。人们批评他的作品完全是因为勤学苦练的熟练带来的，而非出自天赋。这种令人心伤的批评，对一个艺术家来说再也没有比这更糟糕的了。

　　不过，他也许作为一个雕塑家比作为一个画家更为出色，这个事实是难以磨灭的。在他的雕塑作品里，有一个特别出色的《大卫》。没错，和后来的米开朗琪罗的《大卫》一个题材。但是和米开朗琪罗那种充满雄性的英雄主义的大卫不同，韦罗基奥的大卫俨然一个神秘的美少年。那少年神采奕奕，一手握着宝剑，一手掐腰，两腿之间踩着的是巨人歌利亚的头颅，神态介于神秘和自信之间。少年并没有米开朗琪罗式的雄健肌肉和摄人心魄的眼神，倒是更像某个古希腊神话里的美男子。他还不足以成为一个英雄，身材没有那么高大，身体看起来只是匀称的美，而非力量的美。

　　少年卷曲的头发和神情，像极了后来列奥纳多的作品《博士来拜》里的一个人物，也像作坊里为数不少的大卫模特像。我们有理由相信，那就是列奥纳多，一个十几岁的美少年。他没有什么英雄气，但是神采飞扬，身形优雅。

在这个堪称杰作的大卫雕塑里，我们能够看到列奥纳多后来绘画作品里常见的卷曲头发和华丽的螺旋造型。韦罗基奥的大卫雕像，充满了一种静止的动感形态，这在文艺复兴早期艺术作品里实属难得。大卫身上的肌肉表现也充分说明，韦罗基奥对人体解剖学的了解胜过前人。韦罗基奥擅长在静止中表现动态，使单一画面表现出一种带有故事性的动作，作品更加生动逼真。这些特质后来都为列奥纳多所继承，并有所发展。

因此，在他别的类似雕塑作品中，有人这样评价道："文艺复兴时期第一次有人通过构图展现了复杂的动态情绪，这得益于人物轴线的对比，这种构图技巧也成为列奥纳多所有构图的要领"。

不过，提到解剖学对绘画和雕塑艺术的影响，韦罗基奥的竞争对手波拉约洛也对列奥纳多产生过影响。瓦萨里曾说，波拉约洛是第一个对人体肌肉进行研究和解剖的大师，这证明列奥纳多确实是个旁学杂收转益多师的天才。

他在韦罗基奥的作坊里做了一年学徒后，作坊为美第奇家族的墓地设计了一块盖板。在这块盖板上，韦罗基奥设计了一系列几何图形，方形里面嵌入圆形。这一几何学知识，后来被列奥纳多用到了著名的《维特鲁威人》身上。

列奥纳多对数学极为痴迷，他在笔记中写下了这样的话：绕过数学的演示，没有任何一项人类的研究可以被称为真正的科学。

在他看来数学是自然之母，也是宇宙奥秘所在，而数学的和谐之美将一次又一次地带给他心灵震撼。两年后，韦罗基奥的作坊被委以重任。这一项目和布鲁内莱斯基的杰作有关，他们被要求制造出一个重达两吨的铜球，然后将铜球放置在百花大教堂穹顶之上。

这一具有里程碑意义的工程，对列奥纳多的影响特别深远，点燃了他对光学和几何学的兴趣。因为当时还没有焊接技术，如何通过高温高热将三角形的铜板焊接在一起，在当时看来，这是重大的技术革命。光学和几何学的知识派上了大用场，如何寻找并计算出光线的准确角度？没有焊接设备，他们想到了凹面镜，用一个直径三英尺的凹面镜将阳光聚集到一个点上，然后才有大家期待的高温高热。物理学和数学的知识完美"焊接"，这面被列奥纳多称为"着火的镜子"，一直令他很着迷。他的传世笔记中有近两百张草图，全是关于如何制作凹面镜的。

即使是在他的晚年，他在罗马那些失意的日子里，他还在研究如何将热能转换成有力的武器。笔记里，他追问自己，还能记得圣母百花大教堂的铜球是如何焊接上去的吗？足见当年这个项目对他的影响。

不过，有关火和水的意象伴随了列奥纳多的一生。他在笔记中，曾写过这样描述火的话：

火摧毁虚伪（即诡辩），还原真相，驱散黑暗；

火可以被描述成所有诡辩的摧毁者，它是真相的形象和展示，因为它是光明，驱散那些隐藏着一切事物本质或精妙细节的黑暗。

虚伪戴上面具。太阳底下没有什么能够隐藏。火之所以代表真相，是因为它摧毁一切诡辩和谎言，而面具是用来掩盖那些隐藏真相的谎言和虚伪。

这里反复提及火的象征意义，或许也是他对那面着火的镜子之所以痴迷的另一个隐秘真相，不仅仅是技术问题。

1471年，在万众瞩目之下，人们唱着赞美诗，目送着这一伟大工程的诞生。铜球被成功地安放在那个庄严的穹顶之上。那一年，列奥纳多19岁，已经是个英俊无比的青年，他在韦罗基奥的作坊里也整整干了五年了。不消说，这一工程他也参与其中并贡献了不少智慧，因而他后来念念不忘，光起重设备，他就画过不少草图。他在布鲁内莱斯基的基础上，对其机械进行改进。

列奥纳多不仅是个喜欢研究和观察的人，还是个幻想大师。

在他的手稿中，他说："各种奇形怪状的脸，我无需多说，因为他们可以毫不费力地留存在我的大脑中。"

"你知道，你创作的动物不可能没有肢体，而这些肢体必须与其他某些动物的肢体相似。因此，如果你想要创作一个想象的动物，使它看上去很自然——比如说龙——你可以参照獒或猎犬的头创作龙的头，还有猫的眼睛、豪猪的耳朵、灰狗的鼻子、狮子的眉毛、公鸡的太阳穴以及乌龟的脖颈。"

这段话不是无的放矢，他将之运用在自己的第一个作品里，那是他在韦罗基奥的作坊里的一件小品。一位来自他的故乡芬奇镇的农民，将木质盾牌拿到了佛罗伦萨，他找到了皮耶罗，想要在盾牌上雕刻一些图案。皮耶罗则将这个任务交给自己的儿子，列奥纳多的幻想得到了一次实现的机会，他绘制了一只喷火的龙。

为了使怪兽看起来真实，他制作了模型。模型中有蜥蜴、蝙蝠之类的动物肢体。瓦萨里如此写他的专注——他花了很长的时间绘制，结果动物尸体的恶臭令人作呕难以忍受。但是列奥纳多则浑然忘我，对艺术的狂热追求，常常使列奥纳多忘记周身的环境。这一点，在他后来对人体和动物进行解剖的时候也表现得尤为明显。

据说当皮耶罗拿到这个盾牌的时候，大吃一惊，因为房间光线昏暗，他几乎以为那个怪物是个活物。皮耶罗大概对此很为满意，他自己悄悄地留下了这件作品，取而代之的是他重新买了一个盾牌送给芬奇镇的农民。

不要以为皮耶罗是个令人感动的父亲，他之所以这样做，不是为了珍藏，而是为了待价而沽。他似乎有着生意人与生俱来的头脑，擅于计算。

后来，他将列奥纳多的这件作品以一百达克特的价格卖给了佛罗伦萨当地的商人。几经转手，商人们又将这作品以三百达克特的价格卖给了米兰大公。

读者看到这里大约不免暗自叹息。

我们无法得知列奥纳多当时的心情，但是想来也好不到哪里去。即便他的作品被高价卖给更有权势的人，但是那种被自己父亲出售的滋味一定非常不好受。

■ 青出于蓝

列奥纳多在韦罗基奥的作坊里已经工作了好几年了，他技艺非凡，已经能独当一面。列奥纳多在笔记里写道，不能超越老师的学生不是好学生。他是这么说的，也是这么做的。

他的非凡才华早已为韦罗基奥所熟知，但是真正让韦罗基奥另眼相看的全面超越老师的节点，是从两幅跟宗教有关的画作开始的。

文艺复兴时期的人们，刚从中世纪上帝的睡梦里睁开眼，有些人开始对上帝充满了质疑和挑战，列奥纳多算是其中一位。他一生都不能算一位虔诚的教徒，这一点和充满宗教狂热的米开朗琪罗很是不同，不过这并不妨碍他画下大量宗教题材的画作。这既是他和上帝的交流，也是他对时代声音的回应。那时的人们依旧习惯于从宗教题材中寻找抚慰，距离著名世俗肖像画《蒙娜丽莎的微笑》的诞生还有很多年。

这两幅让韦罗基奥心服口服的画是《托比亚斯与天使》和《基督受洗》。

先说《托比亚斯与天使》。托比亚斯与天使拉斐尔的故事在文艺复兴时期的意大利很受欢迎，尤其是商业高度繁荣的佛罗伦萨。当时画过这一题材的画家很多，比如菲利皮诺·利皮，佛朗切斯卡·伯蒂奇尼。韦罗基奥的老对手波拉约洛，在他之前已经为佛罗伦萨的圣弥额尔教堂绘制了同名画作。而那时韦罗基奥正带着列奥纳多为这座教堂雕塑《基督和圣托马斯》，他们一定对波拉约洛的那幅作品非常熟悉。

当韦罗基奥接到这一订单的时候，已经是波拉约洛完成作品后的几年了。那时列奥纳多也成长了很多，成为他的得意门生。韦罗基奥采取的构图方式和场景设置几乎与竞争对手一模一样，初看，这很令人费解。转念一想，我们便能明白这对师徒的用心——他们是要和老对手一争高下呢。

托比亚斯和天使这个题材之所以如此受到佛罗伦萨人，尤其是商人的欢迎，那是因为天使拉斐尔是旅人的保护神。与此同时，他还是医生和药剂师的守护神。商人经商多要外出，路途艰险，于是就会寻求天使拉斐尔的保佑。因此这一题材特别受到商人阶层的欢迎，订单层出不穷。

托比亚斯是个小男孩，他的父亲双目失明，他被父亲派出去收债，沿途受到天使拉斐尔的保护，他们一路同行。在路上，他们捕到了一条鱼，这条充满神迹的鱼，据说它的内脏能够使人重见光明。因此在波拉约洛的构图里，我们看到的是托比亚斯挽着天使的手臂，他的手里拎着一条鱼，在他们的前方有一条回眸的小狗。至于画中的风景，一看便是虚构，但那是典型的托斯卡纳地区地貌特征。

在韦罗基奥和列奥纳多的画作里，虽然人物和构图大体与波拉约洛的相同，但我们不得不佩服韦罗基奥的才能，他的托比亚斯和天使充满了动感，这或许是他雕塑家这一身份的优势。以后这种让画面在静态中展现动态的故事性，也为他的弟子列奥纳多所继承。

他们师徒二人的画作比波拉约洛的作品生动多了，天使和托比亚斯的关系里有爱和信任，画面有对话和交流的感觉。波拉约洛的作品则生硬多了，神态上更是如此。

韦罗基奥的版本有扭头的动作，这一动作就让整个画动了起来。波拉约洛的画仿佛两位不开心的乏味陌生人，要不是托比亚斯的手牵着天使拉斐尔的胳膊，我们几乎会以为他们毫无关系。

这种僵硬空洞感让我们在今天的对比中，一眼就能看出高下——哪怕观者是个对画作背景完全不了解的人，也能毫不费力地得出这一结论。在韦罗基奥的画作里，列奥纳多补充了那条刚被杀掉的鱼，以及在两人身边的一只卷毛狗。

如果我们对比画作，我们还将看到列奥纳多的鱼张开口，腹部流着血——太真实了，别的画家没有这样做。这真的是列奥纳多天才的一笔。

至于那条博洛尼亚卷毛狗，它跑动着，动作自然欢脱，眼神机警。它和天使拉斐尔的动作完全一致，扭转身体，形成了画面动作的和谐，且都与托比亚斯形成某种交流的姿态。

小狗闪着金光的卷毛，这种偏爱正是列奥纳多以后的惯用技法。

如果说《托比亚斯与天使》是师徒二人联手打败波拉约洛的作品，那么《基督受洗》则是列奥纳多打败师傅韦罗基奥的作品。正是这幅作品让韦罗基奥自叹不如，从此搁下画笔，再也不创作了。

这是他们二人合作的巅峰之作。

关于基督受洗，在《路加福音》里如此写道：

众百姓都受了洗，耶稣也受了洗。正祷告的时候，天就开了。圣灵降临在他身上，形状仿佛鸽子，又有声音从天上来，说："你是我的爱子，我喜悦你！"

这便是圣经中基督受洗的经过，为耶稣进行洗礼的人是施洗者约翰——后来列奥纳多有一幅同名名作，受洗地点在约旦河边。

因此，我们在这幅画里能够看到波光粼粼的跃动的河水——这是列奥纳多的手笔。耶稣头顶金光闪闪，代表圣灵的鸽子也出现在头顶。在约旦河边，跪着两个金发蓝衣的天使，他们在观看耶稣受洗。其中最左边那位表情圣洁而宁静、轮廓略显模糊而优雅、动作生动的天使，正是出自列奥纳多的杰作，他使得整幅画熠熠生辉。

我们如果细看，能够看出他和另一位天使的不同。除了表情的自然生动外，他的轮廓优雅自然，比韦罗基奥的天使更为动人。韦罗基奥的天使眼神略显空洞，对身边这位天使同伴仿佛有说不出的惊讶，眼睛也望向难以言说的方向。而列奥纳多的天使正望向施洗者约翰，表情专注。他那头金色的卷发，这一标志性偏好，再次出现。

衣褶的明暗，层次丰富，显示出列奥纳多此时对这一技巧已掌握得非常熟练。

此外，耶稣的腿部也是这位天才的手笔。他光滑饱满，姿态优雅，与韦罗基奥的施洗者约翰的腿有明显不同。约翰的腿部刚健有力，肌肉凸起，棱角分明，这正是二人气质的不同。列奥纳多一生都是优雅的信徒，这一点从他对阿尔贝蒂的接受就开始了。

而韦罗基奥，与其说是个画家，我们说他更像一个雕塑家。他的人物都有雕塑感，饱满有力，此后在米开朗琪罗的作品里我们也能看得到这个特点，雕塑家的画作多是如此。

列奥纳多甚至让耶稣露出了隐隐约约的耻毛，这不得不说有些大胆，但是并没有那么冒犯。他让耶稣的耻毛模糊，和天使的轮廓使用的是同样的技法。这一技法晕涂法是列奥纳多的特征，当时韦罗基奥还使用传统的蛋彩画法，但列奥纳多已经开始寻找使用多种绘画材料的可能，其中油画颜料就是他实验的一种。

那位他很遵从的大师阿尔贝蒂在《论绘画》里提到用线条先勾勒轮廓，韦罗基奥就是这么做的，但列奥纳多却没有。他是观察自然观察人物的大师，他发现现实生活中，人物也好动物也罢，甚至是风景的轮廓，从来都是模糊的，不会出现边界锐利的界限。

也因此，韦罗基奥的人物线条锐利而略显僵硬，列奥纳多的人物则柔和优雅得多。根据瓦萨里的说法，韦罗基奥在看到学生的天使之后，震惊不已。他边看边赞叹，决心以后再也不碰画笔了。

这或许是瓦萨里的夸张说法，不过在这张二人合作的画作中，我们的确能够看到两人之间的差距。韦罗基奥在这张画以后，确实再也没有完成其他画作，他也许做一个雕塑家的天分远大于做一个画家。

韦罗基奥作为天才的领路人，这个使命完成了。

之后，列奥纳多不再是他的学生，而是一个可以交流经验的同行与合作者。他在韦罗基奥的作坊里，还留下过不少其他作品，比如《天使报喜》（与人合作）《慕尼黑的圣母》《伯努瓦的圣母》……

其中的杰作要数一个女子肖像，在这幅世俗肖像画中，我们隐约能够见到未来的蒙娜丽莎正朝着我们微笑。

■ 一位忧郁女子的眼神

"我请求你的原谅，我是山中的老虎"，这句流传在意大利的诗句作者是一位美丽的女人。她为什么要请求别人的原谅呢？她请求的对象是谁？这只"山中的老虎"是不是很凶猛？

这一切，好在有列奥纳多留下的画作为我们做了解答。

15 世纪 70 年代，佛罗伦萨有一位名叫路易吉·尼克里尼的人，他年纪轻轻，刚满三十岁。他出身于一个颇有名望的家族，家人原本是做纺织生意的，正如这个城里的多数人一样。

不久，他的妻子去世，他需要再找一个女人做他的妻子。他看上的是一位银行家的千金，那位少女只有十六岁，她叫吉内薇拉·德·本奇。吉内薇拉的哥哥是列奥纳多的朋友，父亲和列奥纳多的父亲皮耶罗也是旧相识。皮耶罗为本奇家族做过很多次公证。

吉内薇拉的家族在佛罗伦萨的财富仅次于美第奇家族，而路易吉的家族虽然有政治名望，财富却略逊一筹。这样看来，这桩婚姻无论如何对双方家族都是有益而无害。

1474 年，吉内薇拉嫁给了路易吉。不久后，路易吉事业上风生水起，做到了佛罗伦萨的首席裁判官。然而，婚后吉内薇拉似乎并不幸福，她总是充满忧郁，又满怀心事，身体也不好，病痛不断。路易吉说自己"债务多于财产"，妻子一直在生病，医生已经为她看了很久的病了。

六年后这位裁判官留下的纳税申报单里的这项说明，为我们提供了蛛丝马迹。

吉内薇拉的肖像画，应该是列奥纳多的第一幅非宗教人物画。当然所谓第一幅，是指留存于世的目前已经被证明是列奥纳多的作品而言。这幅画目前藏在美国华盛顿国家美术馆，是列奥纳多唯一一幅在美国的真迹。

这幅画初看，我们首先看到的是一位面容苍白、表情忧郁、眼睛不知望向何处的年轻女子。她有一张满月似的脸，棕黄色的卷发，棕色的裙子，非常奇怪的黑色围巾，一条压抑的缎带横在她的脖颈上垂下来。衣服的前襟是月牙色，薄而透，和她那吹弹欲破的肤色显示出奇异的轻盈感。远处是湛蓝的河水，粼粼波光，让我们想起约旦河边受洗的基督，那河水也像这幅画一样真实而充满诗意。

棕红色的树木和她的衣裳主题色和谐一致。

但我们也必须说，第一眼看到的画面令人感到某种尖锐的不安。那些过于庞大的几乎将她笼罩的尖利的松针，就是我们不安的来源。

为什么列奥纳多要在一位美人的身后画上如此多的松针呢？多到让每个观者都紧张。它的尖锐和人物的忧郁轻盈之间，形成一种几乎对峙的感觉。

难道是路易吉为妻子预定的肖像画吗？是不是他们为了婚礼而订做的画作呢？显然不是。吉内薇拉衣着优雅但极为朴素，婚礼肖像画的主角通常身着华服，珠光宝气且喜气洋洋。黑色的围巾也证明了这一点，这不太可能出自她的丈夫预定。

除非另有其人。

原来，那松针就是杜松，是威尼斯驻佛罗伦萨大使贝尔纳多·本博的象征。他是吉内薇拉的情人，据说是公开的柏拉图式精神恋爱。这在当时的意大利上流社会非但不会被禁止和歧视，反而受到鼓励，这种浪漫关系时常引得诗人的想象。他们写下诗歌赞美这恋情，"爱与欲望的火焰炙烤着本博，那位美丽的吉内薇拉萦绕在他的心头"。

在这幅画的背面，列奥纳多还画了月桂和棕榈编织的花环——这是大使的徽章，花环围绕着杜松，这也不是随意选取的意象。杜松一词在意大利文中是 ginepro，和吉内薇拉的名字特别接近。这一手法的运用并不少，之后他在给米兰大公的情人画肖像中，又用了类似的象征手法。

"美貌装点了美德"，这是列奥纳多在画作的横幅上留下的话，巧合的是这位威尼斯大使座右铭为"美德与荣誉"。这当然不能算巧合，这是列奥纳多有意为之，为的是暗示这幅画的女主人和背后预定画作的人之间的关系。美貌装点了美德，如果不是列奥纳多夸张的话，那么足见这位女性同时兼具美貌与美德，难怪令人倾倒。

这是一位如梦如幻的女性，她梦幻般的眼神尤其令人难忘，宽阔的眼皮微微耷拉着，像漫不经心的出神，似乎心事重重。她究竟在想着什么呢？

她的丈夫说她疾病缠身，旷日持久，因而她的脸色才如此苍白，眼神忧郁。但是她体态却是丰腴的，并不清瘦。她那双拒绝你的同时又在邀请你走进她心灵世界的眼睛，绯红色的面颊，甚至眼皮也带着浅浅的红。这真是列奥纳多对色彩的精彩运用，他使用油画颜料，并随时准备用自己的双手涂抹，因此他总是在画作上留下他独特的左撇子记号。

晕涂法技巧也让吉内薇拉看起来轮廓柔和，优雅极了。

整幅画令人觉得最为奇特的是压抑与轻盈之间的矛盾和谐，磅礴的松针，压迫人的松针，几乎盖过女主人的松针，这不得不令人揣度他们之间的关系。尽管是柏拉图式的情人关系，但是似乎大使带有压倒性的优势，而吉内薇拉只是个优雅美丽的女人。

尽管可能不是事实，至少从列奥纳多的画上来看，他们确实如此。他也为她提供保护，笼罩她整个背景的松针就是如此，既控制压迫又保护爱惜，这种传统的两性关系即使在今天也不新鲜。

而她忧郁的内心，究竟是为什么呢？她出身良好，且教养很好，丈夫事业有成，情人同样如此，她还有着人人羡慕的美貌。

然而，她没有健康，没有子女。

甚至，她要在婚姻和爱情的拉扯中生存，这些无疑都增添了她的忧伤。

第三章

扬名佛罗伦萨

■ 《博士来拜》

在有了两次莫名其妙的丑闻后，列奥纳多开始自立门户，成为一个独立在佛罗伦萨的艺术家。这期间，我们有理由相信他得到了来自父亲皮耶罗的帮助。

他从老师韦罗基奥那里学到了很多，包括绘画的技巧，科学的知识。不过更为有趣的是，他和韦罗基奥一样是个热爱拖延的人，这方面可以说有过之而无不及。

半途而废的习惯将伴随列奥纳多的一生，他的作坊也和韦罗基奥的一样，没有任何及时完成的好名声。从他 25 岁开始自立，一直到五年后他离开佛罗伦萨前往米兰寻求发展，他几乎没有完成过一件像样的作品。

五年期间，他一共只接到了三份订单，其中一件他从未着手创作过，另外两份均难逃半途而废的结局，这不得不说十分遗憾。但令人难以想象的事情是，就是这两份没有完成的作品，居然让列奥纳多名声大噪，成为整个佛罗伦萨地区炙手可热的艺术家。

这两幅作品就是后世为人所熟知的《博士来拜》与《荒野中的圣杰罗姆》。《博士来拜》同样是广受欢迎的圣经题材，讲述的是耶稣作为神子降生在以色列伯利恒，东方三位博士——三位国王或三位智者受到一颗星的指引，前来伯利恒献上他们带来的礼物，黄金、没药、乳香。每年 1 月的主显节，为了庆祝基督的诞生，在佛罗伦萨都会举行盛大的庆典。美第奇家族会为了这个庆典做很多准备，其中自然少不了艺术家的创意。

列奥纳多十五岁刚到韦罗基奥工作室不久就参加了这样的庆典，在节日期间，整座城市如一个流动的舞台，奢华的游行队伍十分壮观，场面令人难忘。看过电影《教父》的话，相信你会对宗教仪式的游行队伍印象深刻。遥想十五世纪的佛罗伦萨，在美第奇家族的支持下，一定比二十世纪纽约街头庆典盛大而奢华、优雅。

文艺复兴的艺术题材，许多都是圣经主题。同一个主题，会有人数众多的艺术家涉猎过。有时，同样的主题，同一个画家自己就能连画很多幅。这种重复的背后也有非常明显的益处，我们能够极为清晰地看出不同艺术家的个性与风格，他们在画同样题材的时候往往也会有一较高下的心思。

这在所难免。

比如"博士来拜"这一题材，和列奥纳多同时代的画家波提切利也画过，还不止一幅。波提切利的《博士来拜》是为一座教堂所作，在波提切利的画作里，高贵的国王，尊贵的王子，气氛崇高而肃穆。

说到列奥纳多的《博士来拜》，必须得提一下他那个奇怪的委托协议。当他得到这个订单的时候，那一年他二十九岁，委托来自圣多纳修道院。

列奥纳多的父亲皮耶罗和这个修道院有工作上的往来，甚至他还从修道院里买过柴火，修道院出也曾赠给他两只鸡，当然，送给他这两只鸡是因为皮耶罗为修道院做公证员。因而，当修道院和列奥纳多签订《博士来拜》的委托协议时，皮耶罗的影响自然是毋庸置疑的。一个年近三十岁的青年，在父亲眼中依旧是需要指点和照顾的孩子。列奥纳多做事容易分心，想法很多，实现的很少，这不得不令皮耶罗头疼。

尽管修道院将委托交给列奥纳多，但鉴于过去他总是拖延半途而废的历史，对方想出了一个约束他的好法子。合同规定列奥纳多必须自掏腰包，提前支付"颜料、金料与其他相关费用"，这还不算是最叫人吃惊的。

吃惊的地方在于付款协议：如果列奥纳多能按时完成并提交作品，他将获得修道院在佛罗伦萨的某些房产！如果他愿意，列奥纳多可以将房产再卖给修道院，以三百佛罗林的价格。不过，这三百佛罗林并不全部是列奥纳多的工作所得，其中一百五十佛罗林将赠给一位年轻女子，作为对方的嫁妆。这是当时的土地遗赠协议中的条款。

这样奇怪的规定，我们有理由相信是为了敦促列奥纳多专注工作，及时交付。至于那位年轻女子的嫁妆，大约修道院并没有太多经费，只能从自己的房产中拿出一些作为将来支付给艺术家的报酬。

此外，该协议明确规定了列奥纳多必须在最多不超过三十个月的时间内交付，否则他将承担一切不利后果。这其中包括已经完成的部分将被委托方获取，且画家没有任何补偿。

没过多久，这项看起来天衣无缝的协议就出了岔子，原因自然还是在列奥纳多的身上。我们将见到艺术史上最具创造力的艺术家，因为没钱支付那些费用，而不得不先行向修道院借贷，甚至连一桶红葡萄酒都要赊欠。

与列奥纳多惨淡的情形相反的是波提切利，波提切利只比列奥纳多大七岁，他的工作坊创作的效率远远好过列奥纳多，加上他长袖善舞，很会逢迎，因此他总能从美第奇家族那里获得更多支持与赞助。

比如，在他的《博士来拜》中，他曾经将美第奇家族的人都安排进去了。当然这种将真人画进画里的做法并不新鲜，比如后来的拉斐尔，就曾在雅典学院那幅著名的画作里画下了列奥纳多与米开朗琪罗，自己也在中间露了个脸。

波提切利的做法和他虽然一样，动机却不同。在《博士来拜》里，我们能够见到柯西莫·德·美第奇，这位将家族推向高峰的关键人物，也是从他开始家族大量资助艺术家。此外，他的儿子们以及伟大的孙子洛伦佐和朱利亚诺，一个也不少，都在画作里。

这当然是种高明的谄媚。

不过，列奥纳多似乎向来就对波提切利不太喜欢，他在笔记中曾写过一幅关于《天使报喜》的评论。《天使报喜》又称《受胎告知》，是天使长加百利告知圣母，她即将受孕圣胎的圣经故事。他这样写道：我最近看到了一幅《天使报喜》，画里的天使动作之激烈，仿佛要把圣母赶出房间，那动作看起来似寻仇而非报喜。圣母呢？圣母满怀绝望，几乎要跳窗逃跑。

说完这些，列奥纳多似乎还不解气，又充满鄙夷地指责波提切利的风景呆板无比，空气也没有透视感，树木不论远近色彩毫无变化。

假如我们看过波提切利的这幅画，我们就会赞同列奥纳多的真知灼见。不过，他未免太苛刻了些，波提切利的画仍然不失为一幅杰作。

有了波提切利的"前车之鉴"，列奥纳多开始了对《博士来拜》的创作。他画了很多草图，他尝试了各式各样的动作和表情，以此来表达他的情感。在其中一张最为著名的草图里，我们能够看见他怎样用科学的方法再现艺术。

那是一张网格似的图，运用了透视法，幽灵般的人物剪影，在数学空间里，精确而完美。然而，这却是未完成的草图。列奥纳多总是充满奇思妙想，他的灵感如亚诺河水源源不绝。

"不要给你的人物僵硬的肢体轮廓，否则你的命运就像其他很多想要每一笔都准确无误的画家一样。"他的笔记里充满了大量谈论人物的画论。为了使这些人物从表情到动作不断趋于完美，他总是处于构思之中，也因此他时常处于未完成的拖延状态中。

圣母子端坐在画面中心，耶稣躺在圣母的怀里，周围散布着各式各样或惊奇或敬畏的人们。人们的表情充满戏剧性，人物似乎有意无意地被分成小组"讨论"圣婴的诞生。这种技法我们以后在他的湿壁画《最后的晚餐》中又将见到。

最有意思的则是画面的最右边，一个容貌俊美的少年，他扭头看向画面的外部，身体却是朝向画面的中心的圣母子。那姿态仿佛对我们说："快看，基督降生了！这真的是神迹！"

那个美少年如同目击者一般存在于画中，又存在于我们这些观看者之中。这种在又不在的状态，十分迷人。这个人物据说是列奥纳多本人。将本人画进画里，并且处于这种特别的位置，这样的画法也比较多见。这幅画的未完成，如《断臂的维纳斯》，为我们展示一个天才创作时候的各种考量与取舍，也为我们道出了他因不能及时完成而自责焦虑的心。

"告诉我究竟完成过什么……告诉我……告诉我"，"我以为我在学习如何生活，其实我一直在学习如何死亡"，这种作品创作的实际情况和自己愿望之间的罅隙，让列奥纳多发出痛苦的呼喊。而这绝望的呼喊，将在又一幅没能完成的作品《荒野中的圣杰罗姆》里得到充分展现。

■ 半途而废的命运

半途而废的命运，亦步亦趋跟着列奥纳多。他是那样喜欢沉思多过动手，正如他的笔记体量巨大，可是他却似乎对整理出版兴趣不大，尽管他有过这种计划。

这位天才对及时交付作品显得是那样漫不经心，换成别人，早已明白及时交付和金钱之间的关系。如上文所示，列奥纳多显然经济并不宽裕，他贫困到连一桶葡萄酒也要赊欠的地步，然而他依旧本性难移。

这或许正是一个艺术家对艺术原则的坚持，不能完全算作他令人绝望的拖延症所致。或许这段自白很能说明他的状态：

我想要创造奇迹，也许与其他生活较为宁静的人相比，或者与那些一夜暴富的人相比，我将会拥有的东西更少。我可能会长时间生活在贫困交加之中，所有追求永恒的人都会遭遇这种情形。

《荒野中的圣杰罗姆》依旧是一个跟圣经有关的故事：圣杰罗姆是一位学识渊博的圣经学者，他出生于公元四世纪，是他将《圣经》翻译成拉丁文。他从小在罗马长大，他是一位苦修的圣经学者。有关他的传说引人入胜，是众多画家争相表现的题材。

传说他在很年轻的时候游历东方，生了一场大病。病中他看到异象，听见有个声音对他说："不，你说的不是真的。你只不过是一个学者，你的财富在哪里，你的心就在哪里，你如何能说自己是一个基督徒呢？"病好以后，他决心只身到荒野里苦修，研习教义。

有一次，他在苦修的时候，遇见一只脚掌上扎了刺的狮子。他见狮子特别痛苦，于是帮狮子拔掉脚上的刺，从此这只猛兽成为他苦修途中的忠诚伙伴。

这也是为什么在画作中会莫名其妙地出现狮子的缘故。根据圣杰罗姆的传说，他青年时期在旷野里苦修五年。不过几乎所有表现他的故事的画作中，他都是以老者的形象出现，也许一个清苦的老者更能引起人们对圣哲的敬畏之心吧。

列奥纳多的这幅画也不例外。

整幅画首先令我们吃惊的是人物痛苦绝望的表情，这种内心世界的展现他是通过各种动作来表现的。他让人物的身体痛苦地扭曲，眼睛深陷，目光里都是苦涩和绝望，嘴巴微张，颈部的肌肉凸出——如果我们看过他的解剖学手稿，就知道这幅画圣杰罗姆的肌肉表现得益于他孜孜不倦的人体研究。

他画过数不清的人体解剖图，他详细地测量尺寸并写下各自的比例，男女老少，各个不同。圣杰罗姆的颈部肌肉特别富有雕塑感，而他自己也说过这样的话：

绘画的第一个基本要素是绘画表现的物体看上去应当像浮雕一样。

画家必须了解人体的内部形状和结构。画家熟悉肌腱、肌肉和筋骨的性质，在描绘肢体的运动时就会非常清楚：哪些以及多少肌腱引起该肢体运动；哪块肌肉通过膨胀造成肌腱收缩；哪些肌腱扩张影响到细薄的软骨，包围并支撑那块肌肉。这样他才能够借助笔下人物各种不同的姿态，源源不断地表现出各式各样的肌肉，而不至于像很多画家那样，画出的人物虽然动作各异，但是胳膊、背部、胸膛和腿部却总是表现出千篇一律的造型。这些方面都不应被视为微不足道的瑕疵。

不过这样的知识并非一蹴而就的，即便列奥纳多早在韦罗基奥的工作室时就学习了解剖学知识，但是他的解剖手稿显示他起先错误地画了圣杰罗姆的颈部肌肉，他将本来应该是凹陷下去的肌肉画成了凸起。

这些正确知识直到他在米兰做了真正的大量解剖后才被他真正领悟。令我们吃惊的是，他将圣杰罗姆这幅画带在身边，和他其他许多画作的命运一样。他总是随身携带他的作品，哪怕是那些看起来已经完成的作品，比如《吉内薇拉》，比如大名鼎鼎的《蒙娜丽莎的微笑》，他从未交付过它们。我们对此不免感到百思不得其解，也许这是出于一个完美主义者的不懈追求。他将它们随身携带，以便自己在新的发现到来时，或有新的想法的时候，再去完善。

而《旷野中的圣杰罗姆》的情况正是如此。现代科学技术给我们解开了这个答案，有关他半途而废的答案。通过红外线分析圣杰罗姆的手稿显示，列奥纳多并不是一次完成他的作品，两次创作之间相隔竟然长达二十年之久！

他那位从未谋面的老师阿尔贝蒂的教导，他总是谨记于心。列奥纳多遵循他的训示："优秀的画家必须画出两个最主要的元素：人和他的心理动机。"他正是这样做的，我们今天看他的任何一幅画都有这特点，他总是尝试去表现人们的心理动机。那些似是而非复杂的表情，那些与众不同的动作以及构图，都显示了他的独具匠心。

在画中，圣杰罗姆痛苦地追寻，他的手里拿着石块，仿佛对自己感到无可奈何，随时准备用石块敲打自己。和他相对应的是嘶吼的猛兽，他们之间呈现出相互呼应的关系。

"给失望者一把尖刀，让他用手撕破衣服，用另一只手撕扯伤口"，这是他手稿里的话，也是他表现圣杰罗姆的"说明"。

"绘画里最重要的问题，就是每一个人物的动作都应当表现出它的精神状态，例如欲望、嘲笑、愤怒、怜悯等，在绘画里人物的动作在种种情形下都应当表现它们内心的意图。"这是他对导师阿尔贝蒂那句话的回应。

然而，尽管《荒野中的圣杰罗姆》和《博士来拜》后来都成为艺术史上的杰作，但在当时，它们的未完成，不能不成为列奥纳多焦虑的压力之源。

"列奥纳多，告诉我你为何如此烦忧？"这是他一位友人的关切。

"没有巨大的磨难，就没有完美的礼物。我们的荣耀和我们的胜利终将消逝。"这是另一位朋友的箴言。但丁不仅是列奥纳多的同乡，也是他所喜爱的诗人。他曾抄写过《神曲》里的内容：

改掉这懒散的毛病吧，老师说。没有羞耻的人！坐在羽绒垫子上，躺在毯子下面，如何扬名天下；没有声名，人生就是虚度，在世上留下的尾迹，犹如水中的泡沫或风中的烟雾。

他痛苦于自己的个性，无法专心且无法及时交付，奈何他所鄙夷的波提切利却春风得意。他是佛罗伦萨首屈一指的大画家，得到美第奇家族的青睐，他接受他们一项又一项的委托，他最重要的作品《春》也是美第奇家族的委托。1478 年，有人刺杀朱利亚诺，"伟大的洛伦佐"也被刺伤。列奥纳多的手稿里有一幅密谋者被吊死的情景，不知他是看了行刑场面后难以忘怀所画，还是内心深处也很期待美第奇家族能委托他画一幅谴责行凶者的画。

毕竟，波提切利接到了这样的委托。

因为波提切利总能很好地完成委托任务，他在三年后的教皇委托中，再一次被选中，前往罗马为西斯廷教堂绘制壁画，列奥纳多再一次落选了。

这些失意不能说对他毫无影响，在他三十岁那一年，他的压力与恐慌开始越来越明显。

确实，作为一个天才艺术家，他无比自信。他是历史上罕见的卓越天才，然而他却没有任何拿得出手的作品。众所周知，他的手上都是一些半成品。他的已经完成的作品，都是和韦罗基奥一起合作的，而他的创作显然处于次要位置。

再这样下去，将如何是好？

再也不能这样了！他决心出走，寻一个未来，寻一个可能。他要离开生养他的佛罗伦萨，前往米兰。当然，他的离开也不完全出自他个人意愿，背后依旧是伟大的洛伦佐。

在米兰，他又将面临怎样的困境呢？

第四章

米兰，理想城市

■ 一封上天入地的求职信

1482 年，三十岁的列奥纳多·达·芬奇，决心离开文艺复兴圣地——佛罗伦萨，前往意大利另一个城邦——米兰。

与他同行的，除了他的音乐家朋友阿塔兰特·米廖罗蒂，还有一些随从人员。达·芬奇为何要离开生养他三十年的佛罗伦萨，投入到米兰的怀抱中呢？

当时的他在佛罗伦萨声名远播，又得到意大利最为强大的美第奇家族赞助……不止于此，佛罗伦萨大师云集，是任何一个对艺术有抱负的人都不能不为之动心的一座优雅的古老城市。

与之相比，米兰则是一个被军事强人控制的城邦。它远没有佛罗伦萨那样迷人旖旎，它缺乏她的典雅教养，几乎称得上"野蛮"。并且米兰在艺术大师的拥有数量上，和佛罗伦萨毫无可比之处。

看起来，颇令人费解。

但是它有三倍于佛罗伦萨的人口，以及一所藏书丰富的大学。这对天生好学求知欲旺盛得叫人吃惊的列奥纳多来说，都是着致命的诱惑。况且，艺术大师数量的不足，反过来对想施展一番抱负的达·芬奇来说，正是它的优势所在，他可以轻松地避开激烈竞争。

因为从天性上来说，他不是个热衷竞争的人。这可以从二十年后他重返佛罗伦萨时，面对年轻的米开朗琪罗的挑战，时常感到压力和疲倦毫不费力地看出来。

就这样，他在"伟大的洛伦佐·美第奇"的安排下，来到了米兰——作为一个伟大的外交礼物。

洛伦佐非常清楚佛罗伦萨的优势，他多年来积极赞助各类艺术家，使这座城市成为吸引人才的磁石。现在，养兵千日用兵一时，是他需要用到他们的时候了。

他将波提切利派往罗马取悦教皇，达·芬奇的老师韦罗基奥则被派往了威尼斯，达·芬奇幸运地被派往米兰。他要在意大利的众多城邦之间谋取最大的利益平衡，而文化就是他手中的一张王牌。

达·芬奇在前往米兰之前，一如既往地发挥了他严谨的科学家精神，在笔记里他估算出此次行程有一百八十英里，后来的行程也显示出这一估算的精确。

此次离家，达·芬奇做好了长期定居米兰的准备，这可以从他当时列举的一张财产清单看出来。各式各样的画稿，以及各类机械工程设计图，他几乎将他当时正在创作的所有作品都带上了。

这位受洛伦佐派遣的文化外交官，在抵达米兰后不久，开始寻求他的正式出路，而他这一次要取悦的对象是一位与他同龄被称为"邪恶摩尔人"的男子。

他叫卢多维科·斯福尔扎，米兰的实际统治者，但他当时尚未自封为米兰公爵。这位皮肤黝黑身材魁梧野心勃勃的野心家，在不久后夺取了米兰的控制权。

他的父亲和达·芬奇一样，是一位雇佣军的私生子。米兰的维斯孔蒂王朝结束后，他便自封为米兰公爵。他死后，由卢多维科的哥哥继承爵位。这位短命的公爵遭到致命刺杀，爵位落到了他七岁的儿子身上。

很快，"邪恶的摩尔人"绕开摄政王身份的寡嫂，于1479年控制了米兰。然后，他毒死了自己可怜的侄子，于1494年，正式加冕自己为米兰公爵。

面对这样一位集邪恶、残暴、野心、谋略于一体的统治者，列奥纳多该何去何从呢？他会如何"虎口谋食"呢？

列奥纳多，这位公证员的后代，在他的笔记中为后世留下了一封上天入地的自荐信。与他的求职信相比，任何毛遂自荐的故事都显得弱了。

我们看看列奥纳多是如何来写这封吞吐宇宙的著名求职信的。

最尊贵的阁下：

我已经仔细研究了所有那些自称精通武器制造的人所发明出来的东西，我认为这些武器与过去那种常规武器相比并无什么出众之处。因此，请允许我在充分尊重他人的前提下，冒昧地向阁下献出我的才能和秘密，并恳请能够在您方便的时候为您演示一番。

我设计了极为轻便和坚固的桥梁，而且非常便携，无论进攻还是撤退都非常方便；当然，此外还有其它各式各样的桥梁，它们绝对禁得起战火的摧毁，这些桥梁很容易被架起和放置。我能够建造桥梁，也能够烧毁桥梁——敌军的桥梁。

当大军围攻别的城池的时候，如何快速有效地排除出河道里的水呢？我可以说深谙此道。我还能快速建造围攻城池所需要的各类机械，譬如桥梁和云梯、暗道等。

假如对方的城池建立在坚固的岩石上，特别难以用炮火攻击怎么办呢？放心，我有办法摧毁任何坚固的堡垒。

此外，我还会设计让敌人恐慌的炮弹。我设计出的炮弹，便携且威力巨大，它们能瞬间喷射出冰雹似的石子，同时还伴有浓烟。这种设计不仅能让敌人损失惨重，还能让他们瞬间陷于混乱。

但是假如战斗并非是在陆地，而是在波谲云诡的大海上呢？我也有办法。我能够设计出很多种用于攻防的武器，甚至能够设计可以抵挡最猛烈的枪炮袭击的舰船。

战争中，我还能够设计挖掘出神不知鬼不觉的暗道。我可以让它们任意通向别处，哪怕经过战壕和河流。

战争中必不可少的装甲车，我也能够设计出来。我设计的装甲车无坚不摧，面对它的大炮，敌军再多也无可奈何，而我们的步兵跟在后面会免受伤害。

尊敬的阁下，假如您还需要制造外形美观又实用的大炮，和您常见的那些都不一样，这个我也能够满足。

假如炮轰的效果不太理想，我还有别的技能，我会设计弩炮和投石机以及三角钉等武器。

在和平时期，我会和其他任何建筑设计师一样，设计出令人满意的公共建筑与私人建筑。此外，我对如何规划引流水道也很有信心。

我的才能还不止于此，我还能用大理石、青铜和黏土创造雕塑。在绘画领域，我也无所不能，不论对方是谁，与之相比，我都毫不逊色。

此外，我还能铸造青铜马，它将彰显令尊和伟大的斯福尔扎家族的不朽荣誉和永恒荣光。如果您对我在上面所陈述的任何事情有所质疑，认为它们显得毫无可能或不切实际，那么在任何时间任何地点，只要您愿意，我都会为您进行现场演示。

这是一封无所不能的求职信，在五百年后的今天，每个读者看来几乎都要惊叹一声"哇！"，这个文艺复兴时期的天才，真可算得上是天才典范。

毕竟随着学科门类的划分越来越精细，我们顶多能够成为某个领域的"专家"，通才式的人物距离我们越来越远了。

列奥纳多的这封求职信几乎像出土文物般，为我们展示了一个天才所能达到的巅峰范式。尤其使我们吃惊的是，他居然只在这封信的末尾，以极为轻描淡写的口吻提了句自己绘画方面也不错。

那么，他为何要将自己工程机械方面的才能显示在绘画艺术前面呢？换句话说，在这封重要的自荐信里，他把工程师的身份看得比画家要重要得多。

这就不得不回到前面的话题了。

卢多维科的家族是依靠军事发家的，他们在米兰的公爵也是自封世袭的爵位。依靠强力统治的人，在环伺周围的众多城邦威胁中，他需要武力的加持，需要应付随时可能来临的战争。

而战争一旦发生，工程师与武器设计专家的作用，显然要远远胜过一个画家。

在这封极力自我夸赞的自荐信中，我们除了能看到列奥纳多全面的天才才能，他的自信，还应该看到他的审时度势，他对米兰公爵内心的揣摩与把握。

这封信发出后，列奥纳多果然受到了米兰公爵的重视。

然而吊诡的是，他被安排的任务既不是武器设计方面的工程师，也不是建造铜马的雕塑家，更不是负责绘画的画家，而是——宫廷音乐家！

人生就像一盒巧克力，你永远不知道下一块是什么滋味。

也许生命的精彩之处就在这里，出人意料，又合乎情理。

第五章

宫廷艺术家

■ 表演的本能

列奥纳多如同一个全能演员，在各种才能方面他都显得游刃有余。他是个令人愉悦的人，在他那封克制有礼又自命不凡的推荐信后，他得以进入斯福尔扎的宫廷里。

他和许许多多的艺术家一样，要为卢多维科的宫廷贡献自己的才智。米兰大公起先给他的职位既不是建筑师、军事工程师这样有实际效用的，也不是雕塑家和画家，而是一位表演歌唱和弹琴才艺的音乐家。

据一位和列奥纳多交往过的人称，列奥纳多不仅仅是一切美丽事物的鉴赏家，他也是这些美好事物的制造者和创作者。换句话说，他制造美的同时也对美进行鉴赏。当他在舞台表演的时候，他会用里拉琴给自己的歌唱伴奏。当他演奏里拉琴的时候，有如神助，所有的人都会为之倾倒。

这可能不无夸张，但是列奥纳多容貌俊美体型优雅，气度雍容，想来配以美妙琴声和歌喉，征服人心的力量不容小觑。

我们在列奥纳多的精神遗产中，非常遗憾地没有发现任何曲谱。不过，依照当时流行的表演方式，我们更有理由相信的是那种即兴创作的才能与之更为相配。列奥纳多本来就是个有奇思妙想的人，创作热情高涨，但是难以专心持久，文艺复兴时期宫廷里流行的即兴表演正对他的胃口。他敏捷而灵活，魅力非凡。

当时演唱的曲目除了被誉为人文主义之父的彼特拉克的诗歌，还有一些是诙谐幽默的歌。前者装点宫廷的品味，后者活跃宫廷宴会的氛围，各有各的妙处。

传记作家瓦萨里以充满想象的笔触，写下了列奥纳多的一次宫廷演出。那是 1494 年，卢多维科已经被加冕为公爵，就在他的侄子死去不久之后。毫无疑问，加冕庆典是要隆重而奢华的，列奥纳多作为音乐家受邀参加。瓦萨里说他被隆重邀请，因为米兰大公尤其钟爱里拉琴的声音。而列奥纳多的胜出武器是一把自制的乐器，此外他还是一位杰出的即兴创作诗人。

列奥纳多的手稿里有他设计的乐器，他似乎对一切事物的可能性都很有研究的兴味。也许这种热情的想象加上他卓越的工程师般的头脑，以及天才的艺术家审美，总能为他在庆典上赢得青睐。因此，他没有放过这样一个机会。

他在佛罗伦萨的时候，就时常为洛伦佐的庆典设计各式各样的物品。那些想象力惊人、超越时代的设计，不论是工程方面的，还是舞台布景设计的，在当今我们有理由猜测，或许起先都是为了宫廷庆典的表演。

因此，这些设计大胆炫目，令人目瞪口呆。因为它们被设计的目的是用来展示和愉悦人，而非实现它们的真正功能。但列奥纳多的杰出在于，他从不满足于这种讨好献媚的娱乐，他总是在过后又对它们进行日复一日的研究，几乎当作一项神圣的工作来完成。

他研究乐理，制作全新的乐器。这在他的研究中并不处于重要位置，正如刚刚进入卢多维科视野的他一样。那时的他和众多围绕在米兰大公身边的艺术家相似，他们有着同样的期待，期待得到那位残酷而强健的公爵赞助，因此不得不卖力表演。

尽管他写过准备献身艺术事业的人，追求永恒价值的人，多数要过不被人理解且贫寒的生活，然而，艺术家的社会生活并不一定要潦倒。

这时的他只是一位来自佛罗伦萨的艺术家，还不是一位大师。他作为洛伦佐示好的外交礼物还将继续韬光养晦，等待真正的机会。

这种以才华"争宠"的日子，对艺术家来说，有时不免近似某种羞辱。是的，列奥纳多也如所有的艺术家一样，渴望盛大的声誉和不朽的杰作，否则他就不会将《神曲》里的那段话摘录下来了，更不会如此在意自己的半途而废。

我们不能谴责一位看重声名的艺术家，或许我们应该重新审视一下这种来自个人成就的雄心，究竟在多大程度上帮助人们建立真正的名声。

■ 文学侍臣

瓦萨里虽然对列奥纳多的诗歌才华尽力吹捧，不过也许他的文学才能与其他才能相比，只能说是小巫见大巫了。这位自学成才的大师，曾写过对诗歌"颇为不敬"的话。他也说过诗是盲人的画，画是哑巴的诗。

对于一个盲人和一个哑巴，列奥纳多充满诙谐又不无自信地说，那自然还是哑巴更胜一筹。诗人千言万语不及画家寥寥数笔，形象动人饱满。这自然是来自他的职业偏见，谁都对这个世界带有偏见，包括列奥纳多这样的天才。

但或许正是由于这些偏见，我们才得以窥见一个人的真正热爱和他的个性。

"达克特（金币）和宝石在我手里毫无用处，就像飘落的雪花消失不见。为他人服务，我从来都不觉得劳累。这种服务只应当对他人有利，而不是为了我自己的利益。很显然，自然把我塑造成这样。我能够发挥作用，对此我从不厌倦。"列奥纳多真是一位慷慨且具有牺牲精神和奉献精神的人。

然而遗憾的是，初到米兰的他，首先要他奉献的工作都是一些边角余料，他那罕见的天才尚未为人所认识，他不得不低下身段做一些在今天的我们看来完全是浪费天才行为的工作。除了音乐人，他还将充当逗人开心的文学侍臣。

文学侍臣的字眼一旦出现，我们的头脑不得不联想到东方朔一类人，身怀绝技却只能提供让王公贵族消遣的娱乐。列奥纳多的工作虽然出色，但是一点也不重要，只不过是卢多维科装点门面的"高雅道具"，这是古典时代知识分子的悲哀。

他们不被重视，这种身份本身就带着对他们的轻慢和不信任。

不过，列奥纳多想要积攒往后的声誉，他就得充当这样的角色。他不能再重蹈佛罗伦萨的覆辙，他在那里的工作室几年时间内只有少得可怜的委托订单。于是在这里，他出色的口才和多才多艺的特点，很快就让他成为米兰宫廷里最为当红的艺术家。

在此期间，他创作了为数众多的供人消遣的小品、寓言、滑稽故事、谜语和恶作剧，层出不穷。

他写了很多具有道德训诫功能的短故事，有些与其说是短故事，不如说是机警的箴言。比如他写一则表现愤怒的寓言：

据说，熊到蜂巢那里想要弄些蜂蜜，蜜蜂群起而攻之，它丢下蜂蜜，急忙进行反击。熊想要把那些叮咬它的蜜蜂都抓住，却一只也没有抓到。结果，它的复仇行动令它气得发疯。它绝望地扑倒在地，徒劳地用手脚拼命地抵挡蜜蜂的攻击。

怎么样？简洁，但是平庸。我们必须承认他在文学上的天赋有限。这一点不论瓦萨里如何吹嘘，也不管当时的宫廷人士如何满意，都改变不了他并不擅长文学创作这一基本事实。

这或许也和他的古典学问不太好有关，列奥纳多对科学与艺术的兴趣显然远远大过阅读写作的兴趣。不过这并不意味着他的寓言故事一无是处，他照样会写出令人深省的话语。

诸如："把秘密告诉别人，就会有这样的下场，他会沦为背叛者的猎物。"这说的是牡蛎。满月的时候，牡蛎会敞开自己的心怀，而一旁见到此状的螃蟹就会找来石头或海草，扔进牡蛎敞开的怀抱里，让它再也无法合拢，这样它就自然而然地成为螃蟹的美味。

不得不说，列奥纳多对世情人性的体悟是深刻的。

列奥纳多的寓言故事主角多数是动物，这和当时流行的故事毫无二致，也和他一生热爱动物的性情有关。他在斯福尔扎的宫殿里，不仅讲述寓言故事，还利用双关语进行创作，也和宴会对象进行机智问答。

"无数父母的子女都被带走了，他们的子女将会被割开喉咙。"这句话残忍而怜悯，这种矛盾和谐的背后据说是因为列奥纳多乃是一名素食主义者。这里的父母不是人类，而是可怜的牛羊。

此外，列奥纳多的故事很喜欢涉及毁灭性场景，大洪水的末世景象一再出现，这是纠缠他一生的主题。在他童年的芬奇镇，他曾有过一次特殊的经历。他看见一个黑黝黝的山洞，又是好奇又是恐惧，在洞穴门口徘徊了一阵，最终还是好奇心战胜了恐惧心理，他走了进去，进行一次"科学探险"。这次经历留给他难以磨灭的印象。他后来总是幻想末世毁灭景象，以至于晚年痴迷流水，为水流做过难以计数的研究。

不过有关大洪水的寓言，在世界各地都有流行，就是圣经里也有。《创世纪》里上帝对整天作恶的人类感到失望，于是决心毁灭他一手创造的世界。天降洪水，唯有诺亚听信上帝的话，造了一艘方舟，这才保留了世界的火种。

"我们先遭遇狂风袭击，然后大山将会发生雪崩，积雪填满山谷，摧毁了大片城市。似乎上天仍然对此不满，风暴带着突发的洪水淹没了城市的低洼地带。接着，突降骤雨——准确地讲是毁灭性的暴风骤雨，泥沙与树木的根茎被裹挟着一起向我们砸来。最终，大地燃起大火，或是借助风势，摧毁世间一切，万物皆化为焦土。"这是列奥纳多在一篇类似小说的作品中所写到的末世景象。

事实上在他的笔记中经常出现这类描写，特别是在关于洪水的速写与研究中。比如：

鲁莽的河水翻来，能够造成无法挽回的毁灭性灾难，我们应当在河水造成这些恐怖的伤害之前，采取各种措施积极预防。但是，暴虐的洪水泛滥给人类造成难以想象的、灭绝人性的浩劫，而我们人类却无能为力，面对这种可怕的浩劫束手无策，我要如何才能描述我心中的痛苦呢？

显然，列奥纳多的心里一直为可怕的末世洪水所困扰。他想要寻求积极预防，而水利工程师将为他提供实现理想的可能。不过在这个令人憧憬的身份实现之前，他仍将持续他的各种供人消遣、意义不大的工作。

■ 可笑的漫画

文艺复兴时代的艺术家们，为何一定需要一位赞助人？赞助人一词听起来，友好之余似乎总有种"主仆"的暗示。15世纪的艺术，还不能像今天这样，放到画廊或商店里进行展览与售卖。换句话说，他们的作品没有公共商业市场。艺术家如果要存活，必须要有赞助人。

美第奇家族毫无疑问是古往今来最伟大的赞助人。但是，在波提切利明显比列奥纳多更能获得这个家族欣赏的现实条件下，列奥纳多不得不另想它法。

面对新的赞助人摩尔人卢多维科，列奥纳多必须拿出十八般武艺，才能在一群最为杰出的大脑里胜出，赢得米兰大公的信任与支持。

很显然，这是支持与回报之间的"契约"，我为你提供宫廷艺术家的身份，并给你俸禄与委托任务，你为我提供新奇的点子和按需交付作品。和过去在美第奇家族的庆典里类似，米兰的宫廷里依然需要粉饰公爵家族形象的作品，以及不断刷新他们耳目的新奇玩意。

列奥纳多胜在多才多艺，列奥纳多在米兰宫廷里充当无足轻重的艺术家时，他画过一些夸张的、逗乐的漫画。那些寓意明显充满道德训诫意义的讽刺画，和他那些气质相近的寓言故事一样。它们互为表里，镜像般的存在。这种在今天看来没有太大价值的创作，除了能证明列奥纳多的才华外，也许也能更好地帮助我们理解当时的艺术家，以及那时的上流社会品味。

好在这一切都是暂时的。

卢多维科完全不像洛伦佐家族的人，他是个危险人物，名副其实的大军阀，残酷的暴君。有关这一点，我们还将在后面的写作中讲述。我们所需要知道的，乃是列奥纳多"刀尖上舞蹈"的艺术有多精湛，以及为此所必须付出的胆战心惊。他的宫殿里也和美第奇家族的宴会上一样，"往来无白丁"，各种天才大脑为了获得他的好感与信任，可以说是煞费苦心。"门客"们都知道卢多维科喜欢各式各样的徽章图案，人们为了讨好他，贡献自己非凡的才智，有人利用双关语奉承他对米兰的统治合理合法也合情。当他那个傀儡似的侄儿还没有惨死在他手中的时候，很是有些人为他的统治辩护，将他视为米兰正义的化身，也是小公爵的保护神。

他们用艺术家特有的方式"劝进"，可怜的小公爵在一幅画里被形容成孱弱不堪的小公鸡，他被一群怪兽围攻，等待救援，代表正义的是一条巨蛇和拿着刷子的手。这是斯福尔扎家族的徽章，这样的画寓意不言而喻。

列奥纳多为斯福尔扎宫殿里的消遣画过一些怪诞的画，比如下巴凸起的怪诞老武士，满脸沟壑纵横，头上长满了肉瘤一样的脸。这些奇怪的脸尺寸不大，显然是列奥纳多为了携带便利，以及便于宫廷展示。

像一张扑克牌大小的怪诞画，我们可以想象这样一个画面——在奢华的米兰宫殿里，各种人聚集一堂，青年列奥纳多一边讲着令人捧腹的笑话，一边秀出叫人大吃一惊的卡片。卡片与故事相辅相成，为斯福尔扎的宫殿里增添不少笑声与喝彩声。

列奥纳多自己就曾说过，人的脸部特征应该揭示人的个性和缺点，他不相信流行于今的面相和手相，认为那些都是幻术，毫无科学依据。但是他却出奇地信任脸，信任人的脸能够揭示人的历史与思想。

他甚至还建议青年艺术家们，应当随身携带个笔记本，用于记录所遇见的人。"人的姿势各式各样，没有穷尽，所以你应当记录下来，作为以后创作的素材。"

他如此教导别人，他自己也是这样做的。他的笔记里留下各式各样的人物面部速写、素描。不同的脸型，甚至各自代表什么性情，他都有过论述。比如，他会认为面部特征过于凹凸有致的人，性格多半暴躁没有理性，且野蛮鲁莽。

这当然不能算"科学"，但应该说也有相当的道理。假如我们能回忆起一些连环杀人凶手的面部特征，我们便不得不承认列奥纳多的明智。在他的另一幅怪诞画里，我们将见到一位庄重的老年武士周围围绕着四个怪脸人物。他们或诡异地发笑，或张大嘴露出令人憎恶的鼻孔，容貌怪异得如同庄子笔下的人。

但有人认为，这是列奥纳多画的吉普赛人为人看手相，列奥纳多确实曾找过吉普赛人算命。吉普赛人看相的传统由来已久，他们在 15 世纪已经遍及全欧洲，他们的营生曾严重干扰了米兰的城市秩序，为此，在1493 年的时候，米兰当局还曾颁布过对吉普赛人的驱逐令。

这些诡异的怪诞画，让我们从另一个小孔里窥见列奥纳多的思想光芒。他并不仅仅是我们印象里温文尔雅的艺术家，有时，他充满想象力的次要作品同样能说明他的个性，甚至丰富他的形象。

第六章

艺术的科学与科学的艺术

■ 充满魅力的人

列奥纳多绝对是个明星，不论他在他活着的时代，还是在他离开人世的时代，毋庸置疑，他是永恒的明星。他既不是像他的前辈布鲁内莱斯基那样其貌不扬，也不像利皮那样是个寻花问柳的好手，甚至米开朗琪罗那样的苦行僧也和他气质不同。

列奥纳多几乎是个完美的人，他智力超群，创造力极佳。此外，列奥纳多是人所共知的多才多艺的人，一个相貌英俊的人，他的言行举止几乎是美的化身。

在他留下的画作中，有一些被认为是他的自画像，形象极尽优雅。他拥有令男人妒忌的容貌，还拥有让人羡慕的才华——哪怕是他的道德方面也很少有什么瑕疵供人消遣和谴责。他毫不吝啬，对友人极为慷慨。在瓦萨里——这位米开朗琪罗的学生笔下，"他十分慷慨，朋友之间，不论对方的贫富，在他这里，他都提供衣食住所。"

而有关财富方面，我们都知道，他是个够用就行的人。所谓够用，大约是能够维持他和他的仆人等相关人员的体面生活即可。他没有强烈的金钱欲望，他做事情也不是为金钱所驱使，他又没有落魄到必须不停创作用以支付家用开支的地步。

哲学家康德有个观点，他认为艺术诞生于游戏。毫无疑问，游戏多数诞生在人们闲适放松的状态下。而前贤亚里士多德也曾说过，哲学思想诞生于闲暇。与列奥纳多这种雍容态度相反的是俄国大文豪陀思妥耶夫斯基，他的一生总是处于缺钱的状态，因此他不得不马不停蹄地写，写，写。可就是这样一位大师，他也曾说过假如他有托尔斯泰的钱，不用处于紧张焦虑的被催逼的状态，他将写出怎样的杰作啊！

因此，我们应该说，列奥纳多这种不算富有也不算贫困的状态，正好与他温文尔雅的天性相暗合。他因此有余力培养自己的兴趣爱好，并为它们消耗自己的才智和时间，也由此培育出了无与伦比的优雅风度。他不疾不徐，自信闲适，热爱生活，热爱观察人类、动物与风景，也热爱思索那些看不见的事物，并为此奉献一生的光阴。

他是如此迷人，他曾经这样说过："有些人只追求物质财富，对智慧丝毫没有渴求。他们不知道智慧不仅是精神的养分，更是真正的财富。"我们由此就明白，他工作的驱动力从来就不是金钱，而是对知识的渴望。正如罗素那句著名的话一样，有三样东西是他活着的不竭动力：对爱情的向往、对知识的好奇以及对人类所遭遇的苦难的怜悯。

我们完全有理由相信，当列奥纳多和同伴一旦摆脱基本的生活保障压力后，他就不会再卖力工作，也正因此，他的作品总是无法及时交付。"他没有什么财产，也很少工作，但是他一直都有仆人和马匹。"这是瓦萨里的描述。

雇佣仆人是为了维持生活的体面，以及让自己能够专心地研究与创作。对艺术家来说，没有什么比琐事更能让人分心和烦恼的了，我们只要想想诺奖文学奖得主石黑一雄的访谈就可知道了。当记者问他成为一个作家最重要的条件是什么的时候，他幽默地回答说首先就是不用做饭。任何一个致力于永恒事业的人，都能在石黑一雄半真半假的回答里窥见真相。琐事消耗艺术家的精力和时间，将他们的天才灵感切割成一小块又一小块。

因此，我们可以想象的是，当一个画家开始他的画作的时候，他是不希望被这些琐事所打扰的。正如米开朗琪罗在画西斯廷的壁画的时候，他常常饭也不吃，半蹲在教堂顶部，一干就是大半天。所以有关列奥纳多雇佣仆人，更多是出于生活便利的考虑，而非他奢侈生活的印证。我们需要记住的是列奥纳多未婚，无人帮他操持这些琐事。至于工作上的琐事，大概也无人贴心分忧。

至于马匹，多亏了马匹，列奥纳多出行方便很多。另外，他借此得以观察这种动物。他的手稿里大量的马匹习作，这也为他后面的青铜骑马雕塑构思提供了不少素材。

他还是个热爱动物的人，如前文所示那样。他在青年时已经是个素食主义者，他对动物的怜悯心泛滥，他甚至连一个跳蚤也不忍心杀死。他喜欢穿亚麻布的衣服，不穿任何动物制成的衣物。我们禁不住要想起那个狗皮靴子不离脚的米开朗琪罗，这两位巨人真的太不同了。或许，这也正是文艺复兴的伟大之处和迷人之处。

列奥纳多的素食主义在当时就很有名，很多人对他的生活方式提出质疑。他的回应则是这样的文字：你真的以为你如你自诩的那样是百兽之王吗？你驯养动物，仅仅是让它们的后代成为你的盘中餐？

放到今天来说，列奥纳多是不折不扣的动物保护主义者。不得不说，他的确是一个全面超越他们时代的人，即便是在那个群星闪耀的时代，他也是最闪亮的那一颗星。就连他的着装也是走在时尚前沿，他从来都衣着优雅风度翩翩，他不是那种常见的不拘小节，将自己搞成一团糟的艺术家，他的着装风度和言行举止就是艺术。

他喜欢穿玫瑰色的短袍，这一点和当时的许多人都不同。他的这一时髦形象被拉斐尔画了下来，就是那个用手指着天空的身穿玫瑰色衣服的柏拉图。

他为人友善又严谨慷慨，他如此光彩照人，他如磁石一般吸引众人的目光。他不仅身份是一个艺术家，他整个人的形象就是艺术美本身。

艺术的科学与科学的艺术——阴影与透视

透视法绝对是西方美术史上最有革命性的伟大发现，这一发现应当归功于那位卓越的建筑家布鲁内莱斯基，是他的不倦研究才使得透视法被发现并被广泛运用到绘画领域。

列奥纳多是透视法的信徒。不过我们必须客观地说，即使是在文艺复兴时期，大多数的画家遵循透视法的伟大教导，依然有另一批画家无视这一法则，他们遵从古老的绘画法则依旧画出杰作，这其中以安杰利科为典型代表。

而我们如果说是布鲁内莱斯基发现并将透视法传给他人的话，那么阿尔贝蒂毫无疑问是将它发扬光大的人，列奥纳多绝对算是集大成者，并且将透视法提到无以复加的重要地位，还将它有所发展。

让我们瞧瞧他提到透视法的时候都是怎样的观点。

"透视是绘画艺术的最佳向导。"他认为透视是绘画艺术的基础，没有透视法就没有"科学的艺术"，而他的绘画显然是艺术中无处不体现出科学的重要性来。如前文所讲的《博士来朝》的草图，他严格按照阿尔贝蒂的方法，用科学的精神进行创作。严谨到他这样程度的艺术家，恐怕在当时并不多见。就是在今天，大约也罕有其匹。

他说透视有专业的性质：它使扁平的东西呈现浮雕感，使浮雕的东西呈现扁平感。有些人热爱时间而没有知识，他们就像水手登上船却没有舵或罗盘，永远拿不准自己驶向何方。实践必须建立在坚实的理论之上，为了做到这一点，透视是向导和路径，没有这一点，你在绘画方面将一事无成。

这是列奥纳多的经验之谈，也是他对想要学画的人谆谆教诲。

为了研究透视，列奥纳多画了无数的草图，物体的边界、形状、线条，等等不一而足。他在透视法上的贡献十分卓越，他将透视法总结为三大分支：

第一个分支研究不透明物体远离眼睛时体积变小的原因，被称为缩形透视或线性透视。第二个分支研究颜色远离眼睛时发生变化的方式。第三个，也是最后一个分支，研究物体轮廓距离眼睛越远越模糊的原因。

让我们闭上眼睛，稍微想一下列奥纳多的画作，那些边界模糊的风景线，因距离远近而色彩的渐变等，无一不是他的理论运用。

如果你想要描绘一件近处的东西，让它看上去很自然，观看画作的人应当与你绘画时所处的距离、高度和视角完全吻合，否则势必使你的透视显得错误，具有虚假的外观和失调的比例，拙劣的画作容易出现这种错误。这是来自这位对艺术的科学拥有不竭热情的大师的忠告。

他的透视法绝不仅仅就这点料。他说还有一种他称之为"空气透视"的透视，因为我们能够根据大气辨别那些看上去处于同一条基线的各种建筑距离眼睛的远近不同。例如我们看见一堵墙外的几幢建筑，它们位于这堵墙头以上的部分看上去大小不同，如果你想要在画中描绘它们距离眼睛的远近不同，以及把大气描绘得浓重一些，那么你应当知道，透过浓度均匀的大气眺望最遥远的物体（例如山脉），由于眼睛与物体之间存在大量的空气，所以那些物体呈蓝色，几乎跟太阳在东方时天空的颜色相同。因此你应当把墙头上最近的建筑描绘成它的本色，越远的建筑轮廓越模糊，颜色越蓝，你想要描绘的最远的建筑蓝色最深。如果一个建筑有 5 倍远，蓝色的深度就应当是 5 倍。根据这条法则，你就能使处于一条基线、大小相同的建筑看上去一目了然——哪些建筑比其他的更远或更大。

这种完全用科学研究的态度来作画，和东方绘画基础完全不同。我们的绘画基础是线条，他们的绘画基础是透视法，是几何形状……如果说我们的绘画背后是诗，那么他们的绘画背后是科学与宗教。

与透视相联系的是光与影，这涉及到光学知识与随之而来的物体边界以及颜色浓淡。列奥纳多对光学的痴迷也是相当持久的，这可以追溯到他在韦罗基奥的工作室，他因圣母百花大教堂顶上的铜球而着迷，那个工程运用到不少光学知识。因此后来的列奥纳多又做了许许多多的实验，他的这一部分手稿看上去几乎令我们生畏，有种回到过去看物理试卷或数学试题的错觉。

　　他还做过一个特别有趣的实验，拿着一根针由远及近地靠近自己的眼球，用以观察物体的聚焦以及大小变化，他发现随着距离越近物体越来越模糊，如同蒙上一层薄雾。有关眼球观察物体的特点，他又做了一系列研究，并绘制了令人惊叹的草稿。在他后来的解剖学中，他不放过人体的任何细节，包括眼球。但是他首先面临的困境便是眼球一旦被切开，形状就会改变。

　　但他对人体奥秘以及对光学的痴迷，令他想到了一个特别的方法："应该把整个眼球放在鸡蛋清里，然后煮沸，直到蛋清凝固，然后横着将鸡蛋和眼睛剖开，这样眼睛中间的液体就不会流出来了。"

　　天知道他是如何想到这个天才的办法的，也许是因为他是一个画家的缘故？蛋彩画的原料使他时常需要接触到鸡蛋，因此才突发奇想？

　　但不管怎么说，他由此得来的一些光学知识，直到一个世纪以后才有人再次做出来。

　　至于阴影，那也是他在韦罗基奥的工作室时就开始的观察体验，他是从衣褶开始训练自己的。在阿尔贝蒂之后，列奥纳多发出这样的疑问：在绘画中，究竟轮廓重要还是阴影重要？

　　从他的作品中，我们看到他是用自己的创作回答了这一疑问。在他这里，显然是阴影更为重要。他说："对我而言，阴影似乎是透视最重要的方面，没有阴影，不透明的固体就会模糊不清：除非另有一种不同于物体的颜色作为背景，否则，该物体边界以内的东西以及边界本身都会模糊不清。"

他还说："阴影具有宇宙间一切事物的共性。我在开始就说，无论这些事物的形式或状况是什么，无论它们可见还是不可见，它们一开始都比较强大，结束时都越来越弱。它们并不是从一开始非常弱小，然后随着时间逐渐长大，这一点似乎不像一棵粗壮的橡树由弱小的子逐渐长大。可是，我要说，橡树在刚开始成长的时候最为强大，也即它破土而出的时候，那时它最强大。"

黑暗即是没有光明。

阴影即是缺乏光明。

艺术 or 科学？也许，在宇宙的至高法则中，它们原本并非泾渭分明，而是统一于某个令人惊叹的手。是艺术，也是科学。

第七章

维特鲁威人

■ 来自建筑的启示

还能记得列奥纳多初到米兰时给卢多维科的那封著名自荐信吗？其中一项是："我完全可以如其他任何建筑师一样，设计并建造公共建筑和私人建筑。"他并不是第一个有这样宏愿的意大利艺术家。在文艺复兴时期，似乎每个人都身兼数职。建筑师、画家、雕塑家，常常在一个人身上完美统一。在英文中，文艺复兴一词，Renaissance，除了有重生之意，甚至还可以形容一个人。比如，HeisaRenaissanceman，是说这个人特别多才多艺。瞧，这就是伟大的文艺复兴。

列奥纳多对建筑向来很有兴趣，并不完全始于给佛罗伦萨圣母大教堂浇筑安装铜球事件，但那件事对他的影响是终生的。他还和文艺复兴时期的众多艺术家一样，热衷于思考讨论理想城市。人们究竟需要一个怎样的城市？什么样的城市规划才够得上是完美？

15 世纪末期，一场瘟疫曾经袭击米兰，让这个美丽的城市一下子丧失了三分之一的人口！当他来到米兰的时候，他就开始了对米兰的地理环境的考察与记录。在他的城市规划里，他曾考虑过市民生活健康问题，因此他的规划设计里非常注重用水等卫生问题，他凭借自己的科学精神，敏锐地意识到瘟疫之所以能流行，一定和环境有关。这一点来说，列奥纳多确实领先同时代人。要知道，即便是受了人文主义影响的意大利人，其中还是有相当多人会将瘟疫视为某种惩罚，是因为罪孽的缘故。

列奥纳多认为拥挤不堪的米兰街道是瘟疫传播的温床，因此在他的设想中，要加宽街道，他的手稿里写有各式各样的建议。他也和他尊敬的前辈布鲁内莱斯基以及阿尔贝蒂一样，考察过很多古建筑，将它们一一画下来，进行研究。

他在米兰的时候，结识了两位对他影响很大并和他成为亲密朋友的建筑师，布拉曼特与弗朗切斯卡。布拉曼特来自乌尔比诺，和拉斐尔是同乡。他的出身很低微，农民家庭出身，但他依然雄心勃勃，对于成功与成名有着强烈的雄心。他为了扬名立万，远走他乡来到大都市米兰。他比列奥纳多有着更为紧迫的成功欲望，努力抓住一切机会。他是当时最为杰出的建筑大师，和列奥纳多一同在米兰大公的宫殿里表演。

他们二人经常合作登台，列奥纳多那些诙谐的作品多数是配合布拉曼特而写。他们是米兰宫殿里最为耀眼的明星，不过非常幸运的是，他们没有因为竞争而互相仇视，反而成为互相欣赏的好友。列奥纳多亲昵地称呼他为唐尼诺，布拉曼特则将列奥纳多称为"热诚的、亲爱的、令人愉悦的伙伴"。

布拉曼特还以他和列奥纳多的形象为原型，制作了一幅画。画中人物是古代哲学家赫拉克利特与德谟克利特，赫拉克利特哭笑不得的表情令人深思，他身着玫瑰色的袍子，这是列奥纳多的挚爱，一头浓密卷曲的头发披散在肩上，即使是夸张的表情依然难以掩饰模特的英俊。他的手边摆放着书籍或笔记本，代表人物的博学。另一位为人类处境而发笑的秃顶哲学家，则是布拉曼特自己了。两人之间摆放着地球仪，地球仪除了有地理科学的象征外，应当说还是文艺复兴时期的智者们经常思索人和宇宙之间的关系的象征。

不过，这二人真正的重要合作始于米兰大教堂的项目。米兰大教堂是一座中世纪建造的教堂，任何人只要看到一眼它的模样就不会忘记。它高耸入云的尖角，一个又一个拱门，这石造的教堂，仿佛是人类向上帝发问或祈祷。我们很容易就想起德国的科隆大教堂，同样雄伟庄严的哥特式大教堂。

米兰大教堂是米兰城市的象征。

不过一个世纪后，当列奥纳多抵达米兰后，很多人都在为塔楼的建造竞争。原来这也如佛罗伦萨的圣母百花大教堂一样，属于"未完成"的杰作。那边需要的是一个庄严穹顶，而米兰这里需要的是一个塔楼，这项工程的难度虽然不及布鲁内莱斯基的穹顶，但依然艰巨。

难度在于既要维持原有的哥特式建筑风格，又要处理好交叉处脆弱的房屋构造。在布拉曼特和列奥纳多之前，很多雄心勃勃的建筑师都尝试过，结局无一例外是失败。从这一点也不难看出这个工程的重要和难度来。在1487年的"竞标"比赛中，至少有九位建筑师参加。正是塔楼的项目，最终让布拉曼特作为项目负责人的身份统筹安排，而列奥纳多与弗朗切斯卡则作为重要伙伴一起参与设计。

列奥纳多留下的建筑设计手稿里显示，他参照了古罗马建筑学家的著作，这方法并不算奇特新颖，在他之前的前辈就有很多人沉迷古罗马建筑学家的著作，并前往罗马实地考察。但唯独列奥纳多以令人惊叹的研究，尝试着将建筑按照人体的黄金比例来建造，为此他画了一幅闻名天下的草稿，那就是《维特鲁威人》。

这是人与宇宙和谐的关系象征，也是方与圆之间的辩证关系。

不过，布拉曼特和列奥纳多更为重要的合作还在将来，前者设计建造圣玛利亚感恩教堂的餐厅，而后者画了《最后的晚餐》。但此时，他们亲密的友谊已经结下。良好的沟通，互相欣赏与取长补短，都给未来的合作打下基础，如一栋建筑的地基，他们的地基是坚固持久的。

布拉曼特和列奥纳多一样偏爱对称的设计，这种古典主义庄严优雅的审美有利于他们达成一致意见。他们还对各类规则的几何图形表示出偏好，列奥纳多的手稿就是一个明证。

列奥纳多还是个典型托斯卡纳人，他对圣母百花大教堂的穹顶的偏爱，让他的设计方案充满了浓郁的佛罗伦萨风味。他并没有遵从米兰大教堂原本的哥特式风格，显然他没有将这种和谐放在首要位置。他的设计里是双层的塔楼，且有穹顶。假如我们看了那个设计稿，一定会想到圣母百花大教堂的穹顶。

他考虑周全，甚至连多建一些厕所，让厕所连在一起防止气味弥散开来都想到了。他为拱门结构怎样受力问题，怎样稳固，又设计了一系列拱门。

因为建造这个塔楼，他还是历史上第一个系统研究墙体裂缝的建筑师。有关建筑师，他有个绝妙的比喻，这个比喻与他一贯的"天人合一"思想有关，他将建筑和人体相连。

"药物如果使用得当，可以让病弱的人恢复健康。只有医生了解人体特性，才能够正确地用药。"这座有疾病的教堂也一样。它需要一位医生——一位卓越的建筑师，他懂得建筑的特性和正确建造的准则。

显然，在列奥纳多心中，他和布拉曼特正是这样的好医生。

■ 帕维亚之行

帕维亚是一个距离米兰几十公里的小地方，当时他们想在当地建造一座教堂。帕维亚政府想起米兰宫殿里的艺术家弗朗切斯卡，于是他们就给卢多维科这边来了邀请信函，请求允许弗朗切斯卡前来助阵。

艺术家作为文化外交使臣，这在当时的意大利很常见，列奥纳多自己就是美第奇家族派来示好的文化外交官。弗朗切斯卡本身并不是米兰人，他是锡耶纳人。在当地，他是一位列奥纳多式的杰出人才。他是画家、雕塑家，也是建筑师。由于他在锡耶纳的杰出工作，他被米兰当局注意到了。当布拉曼特和列奥纳多就米兰大教堂的塔楼工程提出设计方案后，他们认为应当再加入一位建筑师。这个人，就是弗朗切斯卡。

弗朗切斯卡和列奥纳多一样对数学和建筑很有兴趣，尤其军事工程。他们的共同之处还不少，他们都有随身携带笔记本记录的习惯。他设想以数学和艺术作为建筑设计的基础，他的概念想法总是与列奥纳多不谋而合，因此他们能够成为很好的密友。

米兰公爵那边因为对他的关注，开始向锡耶纳议会正式提出文化交流的外交请求。对于米兰当局的请求，锡耶纳答应得并不爽快。他们要求弗朗切斯卡要尽快完成米兰的工作，早日回到锡耶纳。从这个附加条件我们也能看出，弗朗切斯卡的工作成就有目共睹，一边想要，另一边不肯放。

在弗朗切斯卡抵达米兰后的头两个月，列奥纳多曾和他一起就塔楼的项目工作过，相信正是在这段时间，他们凭借自己的才华与个性，赢得对方的尊重与好感，这才有了后面的帕维亚之行。

米兰大教堂的塔楼，最终设计方案没有选择列奥纳多钟爱的庄严优雅风格，也就是带穹顶的托斯卡纳风格，而是选择了相去甚远的哥特式——今天来看，米兰大公们的选择应该说是正确的。列奥纳多的方案不是不好，而是和原有的建筑风格不和谐。

帕维亚政府向米兰当局申请，准许他们俩一起来做帕维亚大教堂的工程顾问。卢多维科在给秘书的信中写道："帕维亚这座城市主管大教堂工程的人向我们提出请求，要我们将米兰大教堂雇用的那位锡耶纳工程师派过去，还有来自佛罗伦萨的大师列奥纳多一起。"从这简短的话里我们能够看到，当时的弗朗切斯卡在米兰公爵的头脑里只是留下印象，他甚至记不得他的名字。这应该是由于他来的时间较短的缘故，但是米兰公爵已经在私人信件里称呼列奥纳多为来自佛罗伦萨的大师了。

这一点很重要，这证明在当时，列奥纳多的才智与成就已经征服卢多维科，相信也征服了同时代的许多人。秘书之后还有向公爵报告来自帕维亚的信息，弗朗切斯卡与列奥纳多一行人的住宿等费用报销单据。

在他们的帕维亚之行前面，布拉曼特就曾就帕维亚大教堂的设计方案提出过意见。今天我们能够看到帕维亚大教堂，它看起来庄严肃穆，建筑充满浓郁的古典风情，是列奥纳多和布拉曼特所钟爱的希腊十字式布局。样式简洁，有穹顶有各式各样的几何图形，以及对称的韵律感。这和米兰大教堂的哥特式风格完全不同，很明显，这种设计更加贴近列奥纳多的审美偏好。

帕维亚之行让弗朗切斯卡与列奥纳多二人更加亲密，他们整天一起工作，共同探讨那些建筑与艺术问题。弗朗切斯卡还赠送了一本跟建筑学有关的书籍给列奥纳多，书中绘有众多插图，他们在一起的时候讨论了一位古罗马的对后世影响深远的建筑大师作品，这个人就是维特鲁威。

多年来，弗朗切斯卡致力于将这本书翻译成意大利文。在文艺复兴时期，拉丁语依然是代表教养的古典学术语言。当时的学术书籍以及诗歌基本都是用拉丁语写成的，会拉丁语被视为有教养有身份的标志。但也不完全如此，但丁就是个例外。但丁在创作《神曲》的时候，也有别的诗人劝他还是用大家都承认的拉丁语来写，被但丁拒绝了，他最终选择用他的家乡佛罗伦萨意大利文写作。

在帕维亚的城堡里，有一座维斯孔蒂图书馆，里面藏书众多，其中就有一份珍贵的 14 世纪的手抄本。抄本就是维特鲁威的著作，而他们整天讨论的就是他的《建筑十书》。没有帕维亚之行，就不会有后面震撼世界的《维特鲁威人》。

■ 维特鲁威人

很难说帝王的疆土与功业和艺术家的事业，谁更不朽。列奥纳多无疑是艺术领域的"帝王"，他留下的作品就是他的遗产。

在帕维亚之行后，列奥纳多沉浸在维特鲁威的著作中——和他一样被这部不朽著作的魅力所折服的还有他的那些朋友们，除了弗朗切斯卡还有贾科莫·安德烈亚。他们与他一样，都是米兰大公的座上宾。

这是一批头脑杰出的艺术家兼建筑师。而在提到列奥纳多那幅传世名作《维特鲁威人》之前，我们有必要将维特鲁威本尊先请出来。因为在 15 世纪之前，他和众多伟大的艺术家一样，被尘封了好几个世纪！无人知晓，他们留存在这个世上的珍贵遗产。这其中不仅有大量的古希腊古罗马雕塑，也包括维特鲁威的《建筑十书》，卢克莱修的长诗和西塞罗的演讲……当然，远不止这些珍宝。

这就要回到美第奇家族那位祖先了，柯西莫·美第奇。他在取得财富和权势后，因为热衷古代文化，曾与朋友们一起找寻古迹，并将搜寻到的古代珍品一一珍藏。也因为他对古代文化的热爱，包括对古罗马建筑的推崇，才有了他支持布鲁内莱斯基的想法，这才有圣母百花大教堂那恢弘瑰丽的穹顶。而这一切说来，都和公元前 80 年一位服役于凯撒军中的建筑师维特鲁威有关。

当时的维特鲁威为凯撒研究设计火炮，他是一位军事工程师。只不过后来他又成为一名建筑师，他曾在意大利一个小镇建造过一个庙宇，遗憾的是这庙宇如今已不复存在。人类有多少伟大建筑毁于自己的手中！人们建造，人们毁灭，周而复始。

维特鲁威作为古罗马的建筑师，他没能留下建筑作品，但他留下了一部传世经典，这就是《建筑十书》。正是帕维亚之行，列奥纳多和弗朗切斯卡整天研究的著作。到了十五世纪八十年代的时候，维特鲁威的著作已经十分风行。这和多年来建筑大师们的推崇有关——布鲁内莱斯基和阿尔贝蒂都是他的拥趸，且他们借此仔细考察了古罗马留下的遗迹。这也和那时候开始有了新的印刷技术有关。列奥纳多在笔记里还曾记录过这样一条："询问书商有关维特鲁威的书。"

这部迷人的著作究竟讲了什么呢？

说来十分抽象，他将人体这个小世界与宇宙大世界进行了某种类比。这种抽象的哲学思想可以追溯到古希腊先哲们的思想，在后来的列奥纳多众多作品里我们也能见到这样的思考。"古时候人们将人比作一个小世界，这个称呼恰如其分，因为人的身体如同一个模拟世界。"

在列奥纳多的手稿中，有众多关于人体比例的说明。比如：

人下跪的时候，他的身高减少四分之一；

人下跪时双手交叉抱在胸前，肚脐恰好处于身高的一半位置，同样，肘部末端跟肚脐持平；

一个人坐立时的身高——从座位至头顶的距离——这段距离的一半等于胸膛以及肩膀以下胳膊的长度。坐立的部分——从座位至头顶的距离——大于人体阴囊以下的部分，即大于整个身高的一半。

此外，还有人体与几何图形的关系，并以此来展现上帝造人的完美。

从眉毛、嘴唇与下颌的交叉点、颌骨的尖角至耳朵顶部与太阳穴的交角，构成一个完美的正方形，每一条边的边长都是头部长度的一半。

而在列奥纳多的这种人体比例研究之前，古罗马这位建筑师就在著作中写下了相关的设想与构思：

在一座庙宇中，各部分与整体之间应当是和谐的对称关系。肚脐是人体的中心，假如一个人仰卧，手脚伸展，以肚脐为圆心，用圆规画圆，那么他的手指和脚趾正好触及这个圆的圆周。在人体上除了能画出圆形，还可以画出一个正方形。如果我们测量这个人从脚跟到头顶的距离，然后用这个长度去比照他双臂展开的宽度，会发现它们二者相等，就像正方形的边长一样。

这是维特鲁威著作里的一段文字，根据这段文字，我们头脑里是不是立刻就能想到列奥纳多那幅堪称完美的手稿？不过在他写下这文字之后，许多个世纪没有人真正去研究过。换句话说，他的研究自古罗马时代一直停滞，直到伟大的文艺复兴来临。它成功地吸引了米兰宫殿里的一群艺术家的兴趣，他们各自为它绘制出自己的版本。

现在我们能够看到的版本中，佛朗切斯卡有三幅。一幅看起来像医院里的人体穴位图，充满科学的精确可能，却缺乏艺术的美感，它是那么像棋盘。另一幅的人体舒展，一条条横线好似在测量身高。最为优美的一幅，身体却侧转着，姿势体态没那么准确。

至于安德烈亚，他在列奥纳多的朋友——数学家帕乔利的笔下被称为是列奥纳多最亲爱的兄弟，并说他也热衷于研究维特鲁威的著作。由此可见，安德烈亚和列奥纳多的关系匪浅。

安德烈亚的版本和佛朗切斯卡的不同，他的画作里人物舒展，双臂伸直。至于双腿，他的处理不像前者那样扭转身体，但是他让画中人双腿并立，看起来显得呆板。至于人物，以他的肚脐为中心，下至脚底，左右各至指尖，形成三角形。尽管这幅画里有三角形、圆形、正方形，然而看着没那么完美，人物则像十字架上的基督动作。

安德烈亚在作完这幅画九年后死于法军的残暴杀害，并且是被残忍地肢解！列奥纳多在得知朋友死亡的消息不久后，就开始四处搜集他遗留下的著作。他在一条笔记记录中写道："住在大熊旅馆附近的阿里普兰多先生有贾科莫·安德烈亚的维特鲁威手稿。"显然，他最终得到了朋友的著作。

第八章

实验的信徒

■ 自学成才的大师

毫无疑问，列奥纳多是一位自学成才的大师。他没有什么辉煌的正统教育经历，有的只是凭借自己聪慧的头脑所观察、学习、总结得来的经验。可以这样说，他是一个彻底彻尾的实验的信徒。

他十分倚重自己的经验，十分看不上那些书呆子们。他说："虽然不能像他们那样旁征博引，但是我将依靠更有价值的东西——经验。"作为一名自学成才的人，他也像我们之中许许多多没能很好完成高等教育的人们一样，内心有时不免充满着对饱学之士的讥讽和不满。不过，列奥纳多可不是一个只会空谈的人。他是一位终生进行自我教育的人，他总是如饥似渴地学习研究。

能饮泉中水，莫要饮瓮中水，这是列奥纳多早年的学习心得。那时，他还是个彻底的实验信徒，他信任自己从经验之中摸索出来的胜过从书本之中得来的。

后来，这一切在米兰时期都发生了极大的改变。尤其是在他和斯福尔扎宫殿里的那些学者们交流以后，在帕维亚之行以后，他从维特鲁威重见天日的著作里获得了不同于以往的知识和启迪。这对他产生了重要影响，促使他从一位实验信徒，转变为实验和理论兼重的人。

换句话说，他从一个只重视经验习得的人，变成了一个不再鄙夷古代典籍和理论知识的人了。这时的列奥纳多三十几岁，放到今天正是一位年轻力壮的青年，但在人均寿命只有四十多岁的文艺复兴时期，他其实已经算是走到了生命的中年了。

此时的他，竟然开始了自学拉丁语。拉丁语是当时几乎所有重要学术著作与诗歌作品的语言，但丁的《神曲》除外。他渴望自己能够掌握这种古典语言，以便自己更好地从过去的典籍中汲取智慧。不过似乎列奥纳多的语言天赋算不上很好，他的拉丁语一直都表现平庸。为此他还苦恼地画过一个忧郁而愤怒的头像，就在他的拉丁语练习册上，可见他为此感到无能为力。

列奥纳多是个幸运儿，他生逢其时。他身处文艺复兴鼎盛时代，又赶上造纸与印刷术的技术革新，这对求知若渴的他来说非常重要，这一切都让他获得知识的途径更为便捷了。当他还在佛罗伦萨做学徒的时候，来自德国的发明家古登堡的铅活字印刷术已经传到了意大利，并在1469年，威尼斯出现了意大利第一家商业出版社。威尼斯是世界的商业中心，当时世界各国的货物都能在水城威尼斯找到。往来的东西方商人看中威尼斯的商业地位与地理环境，而画家所需的油画颜料，都是先到威尼斯然后才发散到各地。因此，那位来自古登堡家乡的金匠老板，正是凭借出色的商业嗅觉，才将出版社开到了威尼斯。他的这一举动，以后将惠及众多文艺复兴的大师。

他出版了相当多的古典学术书籍，比如西塞罗的著作和普利尼的《自然史》等，这些都开阔了列奥纳多的眼界。列奥纳多是个典型的文艺复兴人，他兴趣广泛，这一点可以从他的各类书单上看出来。内容涉及工程、军事、文学、艺术、宗教、自然哲学、诗歌戏剧，他从这些印刷品中获得能量与灵感，《自然史》也是他的藏书之一。

没用多久，米兰、费拉拉、那不勒斯等地都建立了印刷厂，这些来自近代工业技术的科技革命，为意大利的文艺复兴人文主义思想的传播立下了汗马功劳。

列奥纳多除了自己购买，他还四处搜寻可以找到的任何值得一看的书籍，正如当年他的好友安德烈亚去世后，他苦苦搜寻他的著作一样。

笔记里，他记录相当多的关于书籍的琐事。相信在当时的他看来，这些并非属于琐事。列奥纳多是一个父母去世都只一笔带过的人，但是他却不厌其烦地写下某地某人藏有某书本，这件事对他来说一定属于值得一录的事。

"韦斯普奇要送一本几何书给我""一位住在皮西那的医生，卡博尼老师他那边有欧几里得的书"……这样的记录层出不穷。可以想象这样一位热爱读书的人，当他见到藏书丰富的帕维亚大学图书馆，那是怎样的激动。

他还喜欢"不耻下问"，任何人任何职业，只要是他认为可以请教的，他都会咨询。问题也五花八门，有请教别人弗兰德斯人是如何在冰上行走的，也有请教人迫击炮的放置问题，甚至伦巴第人是如何修理船闸和运河的……诸如此类，不一而足。

可以这样说，作为实验的信徒，列奥纳多一生都信任自己的经验习得。但是在米兰，他学会了将理论与实践相结合。那个曾经鄙夷只懂得饮瓮中水的大师，如今也会写下这样的一行字："那些热衷实践却没有理论知识的人，就像船上没有舵或者罗盘的水手，他们永远不知道自己的航向。"

■ 飞行的愿望

人类对飞翔的渴望，从古至今，从未禁绝过。

小时候，我们都折过纸飞机，只不过多数人长大后就忘了这一茬了。

飞鸟与蓝天常相伴随，当一只飞鸟掠过天际，我们会想到什么呢？我们是否已习惯无动于衷？这不过是一只寻常的鸟，而鸟的飞行与人类走路一样，再也引不起我们任何惊诧，甚至连观看的心情也缺乏。

没错，我们已经长成这样的成年人。太遗憾，童年时对万事万物所持有的那份好奇心，那个十万个为什么的小孩已经不见了。取而代之的是日日操劳，为一口饭、一张床、一间屋或一个人而奔波不定的生活。就算我们偶尔抬头仰望星空，也很少有情绪的波动，我们看看只是因为想要看看，而非好奇与追寻。

有谁会傻到问一句天空为什么是蓝色的？或者，鸟为什么会飞行？这样问话的人不免让人耻笑。因为这似乎是属于孩童和傻子的问题，又或许这是一个属于童心未泯的天才问题。只有一生保持好奇的人，才会从成年的身体里飞出童年的兴趣与持续发问的能力。毫无疑问，列奥纳多正是这样的人。

其实天才们几乎都是这样的人，他们固执地将好奇心保持一生，对我们司空见惯的事物一再发问。比如，我们就很少会问天为什么是蓝色的，因为这种问题看起来有点可笑，而实际上我们自己可能压根就无法解答。这种似乎天然属于十岁以下的问题，我们在成年后就将它们抛之脑后。天为什么是蓝色的？鸟为什么会飞？这其实是列奥纳多的问题，且是他成年后还在发问的问题。

他见到飞鸟，就会想人类能否如飞鸟那样飞翔呢？人类能否"长出"鸟类的翅膀？为此他决心研究鸟类的翅膀结构，他认为解剖能够让他更好地研究鸟类飞行的胸肌。他观察了无数的鸟类飞行动作，研究飞行和风力空气之间的关系。在当时人们普遍信任亚里士多德的理论，在关于鸟类为何会飞翔这个问题上，认为就像船只能够在水上航行一样。但列奥纳多凭借他天才的头脑，以及热衷实验的个性，了解到完全不是那么回事，船只浮在水上和鸟停留在空气中是完全不同的动力学原理。

因为谁都知道鸟在空气中，它一定受到一直向下的重力牵引。他说这是一个物体对另一个物体的吸引，关于重力的作用方向，他则说在两个物体中心之间的一条看不见的连线上。为此，他又研究了如何计算鸟类以及锥体重心的问题。

列奥纳多尽管一直有无法专注的毛病，他总是很容易从一个领域跳到另一个领域，从一个现象跑到另一个事物。看起来它们之间似乎毫无关联，而他这飘忽不定的个性也实在令人难以捉摸。

不过，他在搞懂一个概念或一个现象之前，他能够保持常人所不具备的专注。换句话说，他一旦明白了，就不愿再继续深入下去了，又被别的新鲜的问题所牵引。

在鸟类研究这件事上，他的个性展现得尤其明显。

他有一个葡萄园，那是他唯一的产业，是米兰大公赠给他的园子。他曾经仔细观察了一只石鸡飞行过程，在他的手稿里，他详细地记录了整个过程。这种短尾巴但翅膀展开很宽的鸟，当它想要飞翔的时候，首先会用力抬起它的两翼，调转它们的方向，以便利用翅膀下的风力。他还说当这种鸟快要降落的时候，它会头部比尾部低，降低尾部并展开尾部，短促幅度较小地挥动翅膀。因为头部比尾部高，这样降低速度的话，鸟就不会在落地的时候受到冲击。

这种不值一提的"琐事"，有谁会去仔细研究呢？只有列奥纳多这样的"傻瓜"。然而世界的每一点进步靠的就是这些"傻瓜"们的执著，这也正是作家刘震云反复强调我们当下中国"聪明人"太多，而傻子太少的缘故。

无法想象，列奥纳多对鸟类飞行研究，整整持续了二十年！

他为自己的鸟类研究制定了步骤详细的计划，先要研究风，了解风的运动，然后再研究鸟是怎样只通过两翼和尾部就能保持平衡的。

经过长达二十年的观察、总结，他又一次雄心勃勃地计划将他的鸟类飞行研究专著出版。如今这本手稿被称为《鸟类飞行手稿》，和他众多想法很好但最终总是被搁置的计划一样，他再一次表现了对系统出版著作的"三分钟热度"。列奥纳多一定是个特别害怕琐事的人，因为一旦要出版，他将面临很多细节问题。不仅仅是他的研究著作本身，还有一系列出版细节和出版合同的制定等等。

他一想到这个大约就头皮发麻，有这个时间何不继续去研究别的呢？比如在此基础上，研究飞行器，幻想一下人类乘坐这类机器实现飞翔的梦想。

尽管他的著作没能出版，然而现在我们已经知道他的多项研究再一次走在了时代的前列。他因鸟类研究，而必须进行流体力学的研究。他这个实验的信徒，发挥了自己的优势。通过做实验，比较了空气流体力学和水流流体力学，现代研究已经证明了他在这方面的杰出天才领先于牛顿、伽利略和伯努利。

比如，他认识到鸟给空气施加的压力与空气对鸟的反向作用力相等。他在观察鹰如何利用它的翅膀拍打空气时，他说物体施加给空气的力等于空气反作用于物体的力。列奥纳多的这项发现，在两百年后，牛顿对此进行了更为完善和准确的描述，那便是牛顿第三运动定律。

不仅如此，伽利略的发现和伯努利原理都晚于列奥纳多的发现。当空气或别的流体流速加快的时候，它产生的压力会减小。这是伯努利的发现，而早在他之前列奥纳多就通过鸟类的研究，用手稿的方式揭示了出来。

直到后面随之而来的飞行器，以及他在斯福尔扎宫殿里的飞行表演，都可以视为是人类对暂时脱离重力自由飞翔的愿望的提前预演。列奥纳多说鸟是按照数学规律运行的机器，人是有能力模仿出这种机器的，他据此开始了飞行器的设计。后来的飞机机翼的设计，和列奥纳多对鸟类飞行的研究如出一辙。

至于数学、机器、运动，这些关键词，都是进入列奥纳多世界的密码。

■ 令人着迷的机械原理

列奥纳多沉迷于运动原理。让我们想想他那些留存于世的作品吧，人物的动作神情，无一不是充满动感的。他喜欢运动胜过静止，也正因为如此他对鸟的飞行、风的运动、水流的秘密都感到兴趣盎然。

他对机械的沉迷由来已久，从他不厌其烦地研究起重机械就开始了。那时他还是一名韦罗基奥工作室的学徒，他画过众多机械手稿，精美到令人惊叹。他在一幅起重机械的绘图中，几乎用"解剖"研究的精神，绘制了各部分零件的图片，为的是让我们能够看懂这种机械的工作原理。

他总会让我们惊喜，有谁能够想到将解剖学与工程学，以及艺术结合到一起呢？必须要说明的是尽管列奥纳多深爱数学，他总是说世间万物的规律都蕴藏在数学之中，但是他的数学能力并不算很好——严格来说是说他的代数能力，他作为建筑工程师和深受透视法影响的艺术家身份，让他的几何远远好过代数，他对图形与空间的感知能力好得令人叹服。

他还曾经将自己设计的机械称为"鸟"，为什么是鸟而非其他？那是因为他相信人、鸟与机械的运动原理近似，都是可以"解剖"的，不同零部件之间的作用可以通过详细的手稿进行可视化说明。

他对运动的迷恋，让他产生了设计"永动机"的念头。他发现运动的物体想保持它的运动轨迹与开始时一致，只要物体运动时所受到的动力保持不变，那么他就将一直运动下去。其实这也在两个世纪后为牛顿所揭示：除非有外力作用于物体，否则物体将保持它原有的运动状态不变。

这是牛顿第一运动定律。

他痴迷于水力永动机，并绘制了精美手稿。螺旋如发辫的物件，装饰感极强，几乎像今天的迪士尼电影《魔法情缘》里的长发公主的辫子。水槽、齿轮、不能分辨是吊桶或是别的什么装置的物件……总之，他的手稿虽为工程设计，但是不论哪一个总是充满了艺术的美感，它们存于这个爱幻想多过实干的天才大脑里。他总是这样，一次又一次地为各种新奇想法而激动。然后投入十二分的激情去研究设计，最后一次又一次地在接近终点的时候，他又拐上了另一个岔路口。我们不禁为他感到惋惜，也不禁想要问一问，这样从未成功过的设计是否还有意义？

当然有意义。生命原本就是不断探索的过程，相信列奥纳多在各种跨学科的研究中获得了无穷的乐趣，也正是这种多学科的综合知识造就了他，让他成为领先于时代的大师。

并非都要发表，甚至并非都要成为可能，比如永动机的设计就是一例。这自然又和他那些异想天开的设计项目一样，面临失败的结果。他自己就说过，那些痴迷于永动机的人们啊，你们在无休止的追求中，只不过创造了无数痴心妄想。

这种研究设计，除了丰富我们的人生之外，必须说，有时会有旁逸斜出的收获。比如列奥纳多为了制造永动机，他就要解决摩擦的问题。因为物体之间的摩擦必然会让运动速度减缓，直到终止，这种能量的损耗让他想到一定和某些阻力有关。

于是他又化身科学实验的信徒，开始了一系列摩擦实验。最终他得出摩擦的几个因素：物体重量、斜面坡度与斜坡的表面光滑度。他发现了摩擦力的大小与物体和接触面的面积大小无关，毫无疑问，他又是这一重要发现的最早发现者之一。

当然，我们也不用怀疑，他依然没有将他的发现整理发表，这一发现又领先了两个世纪。

最为有趣的事情在于他差点因此发了财。

事情是这样的：他既然已经知道了摩擦力和接触面的光滑程度有关，那么想减少阻力他只需要加入润滑油就可以了。这一知识在今天是人人皆知的常识，但在几个世纪前，他却是领先于他人的工程师。除了加润滑油，那么滚珠轴承也能减少摩擦阻力，这是他的设计方案。活在21世纪的我们已经不再为这样的技术感到惊喜，然而这种技术的大面积使用也才一百多年！

他发明了一种磨针设备。谁都知道意大利的纺织业特别发达，就在今天，它依旧是时尚的国度。佛罗伦萨的美第奇家族也正是做纺织生意的，后来才有了银行业的发展。这种磨针设备如果投入生产，运用于意大利的纺织工业——甚至往周边国度销售，其中的利润才叫真的诱人。他自己意识到这个发明能够为自己带来巨额财产，他计算了投入与产出之间的关系，尽管他算错了，得出的结果依然充满诱惑力——每年可收入六万达克特，相当于近千万美金！

当然，实际的结果是六千达克特，那么每年八九十万美金的收入也是不错的。他完全可以借此做个商人，而非受人委托创作的艺术家。

但是他并没有这么做，显然他是一个对财富并没有多大欲望的人。他的想象与创作的欲望远胜过他发财致富的欲望。他不仅对发财没兴趣，他对各种巫术迷信也大为嘲讽，他对科学的兴趣让他不同于同时代的其他科学家。

我们从他这些充满热情的机械幻想中，可以看到科学的萌芽，正从神学的压抑中脱颖而出，我们借此完全可以预见到一个科学的全新时代的来临。而在他之后的半个多世纪，同样受惠于美第奇家族的物理学家伽利略，正酝酿着一场颠覆世界的科学革命。

■ 寻觅神圣比例

在最新版的欧几里得《几何原本》中，译者在序言里开宗明义地如此说道："这里是一个高贵的世界，与具体在时间中速朽的一切物质相比，它是一种永恒的规律。"

欧几里得，古希腊数学家。听起来似乎和列奥纳多八竿子打不到一起，但若我们想到他的《维特鲁威人》中完美的身体比例，黄金比例这个数学规律，这样，相隔众多世纪的两个人也就有了微妙的联系。

列奥纳多是喜欢几何胜过代数的人，或许几何就是上帝安排空间秩序的方案，也是建立我们现有活动秩序的"准则"。几何的美，任何迷恋空间与图形的人，都会感慨那几乎是宇宙为自己设计的一份精美图纸——如同列奥纳多的画或他那些精美的手稿一样。

列奥纳多有一幅精美到令人吃惊的几何图形画作，一个菱形立方八面体，美轮美奂，精彩绝伦。这个拖延狂和"出版障碍患者"，生前并不是真的没有出版过任何作品。难以想象，他非但出版了自己的画作，而且一下子就是几十幅。只不过它们并非传统意义上画作，而是一本数学著作的插图。这是一本他的好友，数学家卢卡·帕乔利的作品。

帕乔利和他一样，只上过几年算术学校，学的是为了世俗计算的浅显数学知识。他还做过一个富人家庭的家庭教师，教授主人家里男孩数学知识。他云游四海，居无定所，还是一名修道士。后来他也和列奥纳多一样，成为斯福尔扎宫殿里的一员。

另外还有一项他也和列奥纳多一样，那就是他的拉丁文很差，这可能都跟他们没有经过系统教育以及古典学术训练有关。帕乔利写了一本数学教材，极为风行，因为他用了当时已经开始"走俏"的意大利语，正如他的前辈但丁的选择一样。这本书的出版还是得益于当时的印刷技术的普及，以及威尼斯的出版业。

作为数学迷的列奥纳多，自然是一看到有这样的书出版便会迫不及待地购买。帕乔利的书可是很昂贵的，比《圣经》要贵多了。

这位数学家在 15 世纪末进入了米兰宫殿，这对好友经常一起做一些数学方面的益智游戏。其中一项游戏尤其引起列奥纳多的兴趣，那就是如何只用一个圆规和一把尺子在三角形或方形周围画圆呢？"化方为圆"这样的形式多么熟悉啊，这不就是《维特鲁威人》等手稿显示的秘密吗？

共同的爱好，常常是友谊的催化剂。他们因为一起工作，又都对相同的问题感到着迷，因此很快就变得亲密无比。帕乔利也像列奥纳多一样喜欢写笔记，只不过他的笔记里私人生活的内容比列奥纳多要多多了，至少这位艺术大师的名字就时常出现在他的笔记里。

列奥纳多曾经向他的这位好友请教过很多数学问题，比如求平方根之类的。帕乔利也和他一起讨论研究欧几里得的《几何原本》，可以说，帕乔利之于列奥纳多是良师益友。

那时帕乔利又在准备他的另一本数学著作，在这本著作里，他反复研究的是神圣比例，这本书的名字也正是如此。所谓神圣比例，就是我们今天熟知的黄金分割点……这一比例之所以显得神圣无比，乃在于不论是建筑工程还是绘画作品，甚至我们人体的比例，只要符合黄金分割，看起来就会显得无比和谐。美，就在其中。

这其实不是帕乔利的发明，在古希腊欧几里得早就提出了这个数学比例。只不过帕乔利是首个使用神圣比例这一说法的人，当然也是将它好好研究的数学家。

也许是出于友谊，又或者是出于对帕乔利指点的回报，列奥纳多竟然为这本《神圣比例》绘制了整整 60 幅插画。列奥纳多从帕乔利这里获益良多，他将学来的数学知识运用于自己的各项研究，此后他竟然成为首个发现三棱锥重心的人。

第九章

无法遏止的激情——人是什么

■ 生命的起源

人，究竟是什么？我们是谁，我们究竟从何而来，我们又要去向何方？这是永恒不朽的哲学话题，也是人类对自身处境的关心和追寻。这其中不仅包括了现在，还有过去与未来，一切的一切，都在这几个看似简单的问题之中。

当我们观看画家高更创作于大溪地的杰作《我们是谁，我们从哪里来，我们到哪里去》，生命的轮回与荣枯，母亲、婴儿，女神或死神……我们不禁要追问我们自身人究竟是怎么来的，生命的起源是什么？

我们当然不是要效仿达尔文那样，我们只不过怀着儿时的好奇——爸爸妈妈我是从哪里来的。自然，石头里蹦出来的——那是小说里的孙行者，捡垃圾捡来的——太悲惨的"生命起源学说"了。我们已经知道了精子和卵子的故事，听起来还有点浪漫。

可是文艺复兴时期的人们，他们还不认识精子和卵子。好奇心重的列奥纳多始终对此有不倦的热情，他一直想搞懂，我们究竟是怎样来的。我们都知道他绘制了一幅令人目瞪口呆的两性性交图——而且是所谓的"解剖图"，也就是它有清晰的剖面，让我们对阴茎在阴道里的形象"一目了然"。甚至，他还描绘了射精！

可是仅仅如此，并没有让列奥纳多感到满足。他解剖了动物的子宫，然后绘制了胎儿的手稿。在他的想象中，人类的子宫如同一个贝壳，胎儿在里面受孕、成长，受到母亲的保护。那幅画可以算作人类的"维纳斯诞生"——假如我们愿意想一想波提切利的贝壳维纳斯的话。

只不过，一个如此优雅动人，一个如医学解剖图一样让人惊叹。在那核里，一个蜷缩的婴儿，他的四肢和头颅，甚至耳朵、手指和脚趾都清晰可见。手稿旁边还绘制了另一幅稍微小一点的版本，还有密密麻麻的记录与说明。比如：

自然给这个胎儿的生命赋予灵魂，即——母亲首先在子宫里建构成一个胎儿的形状，然后在适当时刻唤醒栖息在胎儿身上的灵魂。这个灵魂最初蛰伏在那里并受母亲的保护，母亲经由脐静脉全身心地哺育胎儿并赋予其灵魂，这是因为脐带连接着胎盘与胎盘小叶，胎儿由此与母体相连。

有趣的是在几百年前，列奥纳多就认为母亲受到的情绪刺激会直接影响到胎儿。

基于这些原因，母亲的一个愿望、一个强烈渴望、一次惊吓或者任何其他精神伤害都会传递给胎儿，它所受到的影响比母亲更为强烈。

列奥纳多也像多数的人文主义者一样，对上帝持有有限的信任或者说对宗教抱有温和的质疑。他相信有灵魂一说，但是却相信胎儿的灵魂来自母亲。不过他又有自相矛盾或者是不断修正补充自己观点的地方，比如他又说："我把灵魂的定义留给修士发挥他们的想象力，他们是众人之父，借助灵感知道一切秘密。我不去谈论那些神圣的书籍，因为它们是至上的真理。"

灵魂显然端坐在审判席上，而审判官端坐在所有感官会聚的地方，这一点被称为共同感。瞧，他的精神世界一直如此多变而丰富。

还是回到他的胎儿笔记吧，尽管灵魂说就穿插在胎儿笔记里。

图中的这个胎儿既没有心跳，也没有呼吸，因为他一直待在水中。假如他呼吸，就会被淹死，而他没有必要呼吸，因为他从母亲那里获得生命并且由母亲的生命和食物提供营养。食物哺育这个小生命的方式与滋养母亲身体的其他部分（即手、脚和其他器官）相同。统辖这两个生命体的灵魂只有一个，这个小生命与母体其他有感觉的部位一样，共同感受欲望、恐惧和痛苦。

我们可以从上述内容推断，假如母亲想要某一件东西，那么母亲此刻的欲望往往就会强加到她孕育的胎儿相应部位；而突如其来的恐惧会同时扼杀母亲和胎儿。因此我们得出结论，同一个灵魂统辖着两个生命并且哺育着两个生命。

我们不难发现，列奥纳多的论述里既有科学的内容，也有仿佛来自巫术的蒙昧。这并不是他的短处，恰恰是他独一无二的优势。这种充满想象力的灵感，以及突如其来的"巫术"般的神秘与科学的严谨结合在一起，诞生了他那些令人高山仰止的作品。

所以，人究竟是什么呢？

喜欢将人与自然万物并举的他，在这样的手稿里自然少不了此种比拟。

尽管人类的巧智能够创造出各种各样的发明，但是与自然相比，自然创造的各种事物更美丽、更简单、更实用。因为自然创造的东西没有一样存在缺陷，没有一样多余累赘，而它在为动物创造那些适于运动的肢体时，不需要另外创造与之平衡的东西。

血管里血液的自然热量使其驻留在人的头部，一个人死去，这部分血液冷却并下降至身体的下部。同样当炽热的太阳照射头部时，头部的血液含量急剧增加，这些血液连同体液充盈血管，往往引起人的头部疼痛。

与此相同，无数的泉水散布在地球这个躯体的各个部位，各处的泉水中也含有自然热量，因此那些水驻留在泉眼里，并通过山脉鳞隙被输送至高高的山峰之上，而那些在山脉中被圈住的渠道里流淌的水就像死去的东西，不会从低往高处输送，因为它们没有泉水带来的自然热给其加热……

是不是一番特别高妙的宏论？这种矛盾对立的和谐思想，对生命来源的追问，对"天人合一"的信奉，都让列奥纳多成为那个时代独一无二的思想家。

■ 解剖人的秘密

按照《圣经》的说法，人是上帝按照自己的形象创造出来的。因而，人的生命是神圣不可侵犯的，夺人生命或自杀都是有罪的，自然，解剖人的身体也是不道德的。

然而作为一个对上帝有限信任的列奥纳多来说，这对他并不造成困扰。也多亏了他信仰的动摇，这才有了杰出的解剖学手稿——列奥纳多甚至是世界上第一个通过解剖发现动脉硬化的人。从某种意义上来说，他绝对是解剖学的鼻祖无疑了。

当然，列奥纳多对人体的好奇，进而产生解剖的念头，他倒不是出于医学的目的，而是出于艺术的目的。他敬仰的前辈阿尔贝蒂就曾这样说过："当我们画人的衣着前，首先要先画他的裸体，然后给他的身上披上衣服。在画裸体的时候，我们有必要先确定他的骨骼和肌肉，然后再覆以皮肉，这样就容易了解每块肌肉在皮下的位置。"

也就是说，想要绘画就得了解人体，了解人体就要了解人体的比例结构，骨骼与肌肉群，甚至是血管，而这种了解必须建立在大量的观察与解剖上。早在佛罗伦萨做学徒的时候，他就显示出了对人体研究的兴趣。到了米兰之后，他很快就发现距离米兰不远的帕维亚有医学研究中心，这个古老的医学博物馆至今健在。米兰和佛罗伦萨浓郁的文化氛围有所不同，尽管卢多维科为了宣示自己政权的合法性以及展示米兰的影响力，引进了很多艺术人才。但是米兰这个大都会的人们首先感兴趣的是商业，这在今天依然如此。米兰人匆忙的脚步，让人恍惚觉得这不是在意大利。其次，米兰人对知识的渴求非常强烈。

因此这就很好理解，当列奥纳多在米兰表示出对人体解剖研究有兴趣的时候，给他诸多指导的是医学学者，而非艺术家。面对解剖，不仅仅是人体，他如此说道：

即使对这种研究感兴趣，你也可能因为工作恶心而止步。即使这一点也不能阻止你，你可能也会因为自己必须在漫漫长夜与那些尸体相伴而担惊受怕，它们被肢解、剥皮，看上去令人恐怖。即使这样也吓不倒你，你或许还是不能把画画得很好，因为你可能缺少展示人体的绘画技巧，或者即使你掌握了绘画技巧，你可能没有与透视知识相结合。即使你做到这一步，你可能不懂几何学的证明方法，或者肌肉力量和强度的计算方法。你可能还缺乏耐心，因而缺乏毅力。至于这些方面在我身上是否都能找到，我撰写的一百二十部著作足以给出是或否的裁定。在这些方面，阻碍我的不是贪欲或怠惰，而是生命有限。

通过这段话，列奥纳多除了说明解剖研究的辛劳与恐惧，甚至用颇以为自得的幽默对自己进行了"嘲讽"与"辩解"的双重解说。让我们想象一下，列奥纳多仿佛面对我们说："怎么样？我还不错吧？哎呀，要是我没做到我所倡导的，那不是因为我懒——而是因为时间有限啊。"列奥纳多好像已经洞察到了他的身后事，仿佛听见历史的窃窃私语，知道后世的人免不了要责怪他的懒散和拖延。但是他已经提前给我们解释了，他不是怠惰，而是兴趣太广泛，要学的东西太多了，而生命实在有限呀。

想到这里，不免觉得列奥纳多的可爱来，继而觉出生命的苍凉来。

然而说归说，他的解剖研究可是没少做，有时为了能够得到新鲜的尸体，他不得不四处寻找，还要暗中进行。他经常趁着夜色进行解剖，只要想想孤独的长夜，守着尸体紧张地过夜，一般人就望而止步了。

我们不禁好奇，他这样的澎湃激情究竟是如何得来的呢？

古人把人称为"小世界"，这个说法确实恰如其分，因为我们看到，如果说人是由土、水、气和火构成的，地球的构成同样如此。人的身体内有骨头作为肉的支撑和框架，同样，地球有岩石支撑泥土。人的心脏有一团血液，随着肺部呼吸而膨胀或收缩，同样，地球拥有海洋，随着世界的呼吸每隔六个小时涨潮落潮。人体内那团血液生发无数血管，遍布身体各个部位，同样，海洋的水也分成了无数的支流，遍及地球各处。

多么叫人叹为观止的类比，其中既有科学气息，又有艺术的想象。且不管他的结论如何，单为他如此蓬勃的热情就该拍手以示敬意。他因对人无法遏止的激情，继而去解剖研究，可以大胆想象的是，假如真有一个撬动地球的支点，只怕阿基米德不去做，列奥纳多也蠢蠢欲动了。

■ 人体研究

神经连同肌肉一起效忠于肌腱就像士兵效忠于他们的队长，肌腱效忠于感官就像队长效忠于他们的长官，感官效忠于心灵就像长官效忠于他们的领主。

列奥纳多对生命的研究十分宽泛，他的解剖对象除了人，还有大量的动物尸体，并且多数是动物。毕竟动物尸体更易得，且不必背负可怕的宗教伦理道德谴责风险。他的笔记里也记录了不少关于动物解剖的心得体会，同样，他的思维习惯是类比。在这类实验中，他再次将人与其他动物放在一起比较。

"我在这里做了一个笔记，展现人与马（其他动物也一样）之间的区别。我首先从骨骼开始，然后描述各种发源于骨骼、终结于骨骼并且不带肌腱的肌肉，然后描述那些发源于一端是单根肌腱的肌肉。

人类的行走方式遵循四足动物行走的普遍方式，马在跑动的时候，四条腿交替运动，人类在行走时同样也是四肢交替运动，如果一个人行走时向前迈出右脚，必然相应地伸出左胳膊，反之亦然。

我发现，拿人体的构造与动物身体的构造相比，人体的感觉器官比较迟钝、粗糙。因此构成人体的部件灵活性较差，接受各种感觉的器官空间较为狭小。我看到在狮子一类动物身上，嗅觉器官与大脑向下延伸至鼻腔的物质部分相连接，那里形成一个宽阔的嗅觉接收器官，存在大量软骨状的气囊，其中好几条通道通向上述大脑向下延伸的部位。"

这样的笔记还有很多条。他不仅发现了动物身体的构造特点，还因此又成为世界上第一个记录脑脊髓穿刺实验的科学家。

他曾经拿过青蛙做实验，实验内容是脑脊髓穿刺。他说："脑脊髓被刺穿的时候，青蛙马上就死了。"不过，"在之前，就算它没有头、心脏或任何内脏，没有肠子和皮肤，它也是一直活着的。"足见他在青蛙身上做的实验不止一次，甚至他也拿过狗做了同样的实验！

有了动物实验的基础，他的人体研究就更加得心应手了。他在有关解剖学的笔记里，列举了很多项他想弄清楚的事情，比如：

关于呼吸的原因，关于心脏跳动的原因，关于呕吐的原因，关于食物在胃部向下移动的原因，关于肠道清空的原因。

关于剩余物质从肠道移动出去的原因。

关于吞咽的原因，关于咳嗽的原因，关于打哈欠的原因，关于打喷嚏的原因，关于肢体麻木的原因。

关乎肢体失去感觉的原因。

关于瘙痒的原因。

关于人体情欲以及其他欲望的原因，关乎于人体排尿及各种自然代谢的原因。

看看这些清单，这是一个好奇心多么重的人啊！

然后，你会在他的解剖学手稿中看到数不清的解剖图，有头颅的，也有肌腱的，大到骨骼框架，小到毛发眼睛血管，没有他不研究的。

他说："如果你切开一个洋葱头，就会看见以洋葱头为中心形成同心圆的那些洋葱表皮，并且数一数它们的层数。同样，如果你沿着中间切开一个人的头部，就会依次经过下列组织：首先是头发，然后是皮肤、肌肉和颅骨膜；再后是头盖骨、硬脑膜和软脑膜，以及脑膜内的大脑；最后又是软脑膜和硬脑膜，还有细脉网，以及作为这一切基础的枕骨。"

在这幅人的头骨解剖图上，他细致地标出了尺寸比例。并说："记住，当你描绘这幅从正中剖开的头颅内部时，应当再画出另一幅关于头颅外部的图，方向与第一幅相同，这样你就能更好地理解整个头部。"

怎样画肌肉，怎样画神经、动脉和静脉？不一而足，他都有精美的图画来说明，旁边辅以文字说明。

在这些手稿旁边，他还不忘幽默又机智地说："噢！旁观者，看一看我们这台人体机器，你不要因为又一个人死亡可以增进我们的知识而感到悲伤，应当因为造物主把如此卓越的感知本领赋予我们而感到快乐。"

肺部始终充满大量的空气，哪怕它为了呼气而把其中一部分空气排出体外，当肺部吸入新鲜空气的时候，把空气向胸部两侧挤压，使得胸部稍微扩张并把胸部向外推挤。如果你在呼吸的时候把手放在胸部，就会看见并感到胸部扩张与收缩，当一个人深深叹息的时候，这种情形就更为明显。

造物主的意愿就是如此：这种力应当位于胸部的肋骨之内，而不应当位于末端的隔膜之内，否则当一个人因心情异常沉重而深深叹息的时候，他不至于因为吸入过量空气而使那层隔膜爆裂。

列奥纳多在逐个解决他心中的难题，用一次次实验回答了自己心里的问号。他说画家必须了解人体的内部形状和结构，画家必须熟悉肌腱、肌肉和筋骨的性质，在描绘肢体的运动时就会非常清楚——哪些以及多少肌腱引起该肢体运动……

在米兰的老王宫工作室里，有很多人成为他的人体研究模特。据记载，至少有十几个人都做过他的模特，让他从头到脚地测量了身体的每一个部位尺寸。他有为数不少的测量笔记，并画了几十幅画稿。

他的这些人体模特为他的研究带来了不少成绩，且摘录几条笔记：

面部构成一个正方形，即：面部的宽度等于两只眼睛的外眼角之间的距离，高度等于鼻子顶端至下嘴唇底端的距离。位于这个正方形上下两侧的面部高度也等于这个正方形的高度。

两耳垂之间的距离等于眉心至下颌的距离。在一张匀称的脸上，嘴巴的宽度等于唇缝至下颌尖端的距离。

从鼻根到下颌底部的长度是脸长的三分之二；

脸的宽度等于嘴到前额发际线的长度，是身高的十二分之一；

从耳朵上部到头顶的距离等于从下颌底部到泪点的距离，也等于从下颌尖到下颌角的距离；

从肚脐到生殖器的距离是一个脸长……

简直是各种令人意想不到的数据比例。他对人体比例的痴迷，对数据的孜孜不倦收集的态度，并不是他有什么搜集癖好，而是他必须通过不同人体数据，大量的测量对比，才能得出一个"放之四海而皆准"的比例。

列奥纳多致力于用科学方法提升自己的艺术作品，这一点，我们已经在他的诸多作品里见到，不论是解剖还是透视，工程学、建筑学、光学、流体力学……甚至风景与地质研究，都将是服务于他的艺术创作的助力器。

第十章

《岩间圣母》

■ 神秘的委托

列奥纳多在佛罗伦萨的时候，曾经绘制过一幅《天使报喜》的画。所谓《天使报喜》，又称《圣母领报》，也是一个圣经故事。说的是天使加百利特地前来告诉圣母玛利亚她即将受孕一个圣胎的故事。在那幅《天使报喜》中，列奥纳多展现了他非凡的才华，预示着他即将成为一代宗师的手笔，然而也展现了一个大师的成长过程是曲折漫长的。因为那幅画里的风景与突兀的墙体，显然有些失真，而这些都将在米兰时期的杰作《岩间圣母》里得到修订和改善。

《岩间圣母》如今有两幅，一幅收藏在法国的卢浮宫，另一幅收藏在英国伦敦国家美术馆。两幅画构图相近，人物相同，手法略有区别。在丹·布朗的作品《达·芬奇密码》里，《岩间圣母》可是一幅指向关键性地点的作品。不过在开始《岩间圣母》的创作之前，列奥纳多在米兰几乎没有创作什么像样的画作。他忙于各种科学研究，以及他的数学事业和解剖事业。此外，他初到米兰的时候，如果我们稍微回忆一下他那封上天入地的自荐信，就会发现他的初心也许并不是要在斯福尔扎宫殿里画画，而是做一名军事工程师，就像维特鲁威在凯撒的军队里一样。

他没有做成军事工程师，至少在那个时候没有达成心愿。他和他的数学家音乐家朋友们，都以自己的才智贡献给米兰公爵娱乐项目。他有许许多多的舞台设计经验，以及登台表演经验，他逗人的表演和优雅的身形，让他广受欢迎。他的多数时间精力都用在这种无伤大雅的事情上了。不过他最为突出的艺术才华——绘画，还没有得到充分展示。

在经历了宫廷音乐人、舞台设计师、教堂建筑师、纪念碑设计师、雕塑家等等一系列身份置换后，一份神秘的委托又将他拉回到画家的行列。这份委托来自无玷受孕协会，看看这个协会的名字我们也能明白他们的要求了，无非是要列奥纳多创作一幅歌颂圣母没有受到任何原罪玷污就怀孕生子的故事。

他们的目的明确，且附有自己的绘画要求，比如主要人物必须是圣母玛利亚，她的裙子应该是深红底色，上面有金色锦缎。无玷受孕协会此外还规定了是油彩画，必须给画面涂上薄清漆。任何艺术家都厌恶委托人的要求，谁能想象一个天才要受限于一个"命题作文"呢？不过，天才自然有天才的道理。

这个团体的会员基本都是富人，他们想要在方济会教堂里放上几幅祭坛画。这个很常见，在欧洲的教堂里，祭坛画、壁画都是寻常标配。至于规定油彩画，大约是因为油画的色泽明艳动人且细腻，比蛋彩画更有优势。油画最先是在尼德兰地区盛行，后来传到了意大利。列奥纳多在佛罗伦萨的时候，我们已经知道那时他就已经在尝试这种全新的作画材料和绘画技法。他的涂抹，他的明暗法与晕涂法，都因这种绘画材料而得到很好展现。

除此之外，协会还规定了画中人物，除了圣母之外，还必须有圣婴耶稣，以及尽善尽美的天使们和两位先知。

我们这位艺术的先知完全不理会无玷受孕协会的这些要求——他又要自顾自地创作了，并且他将再一次因为这个"毛病"而让自己陷入纠纷之中。受到影响的不止他一人，还有和他一起工作的几个人，他们是团队协作的关系，这一点和佛罗伦萨的那些艺术工作坊一模一样。

当时和他一起工作的人，有研究认为是一位名叫安布罗焦的画家，还有其他学徒。不过既然两幅画都被称为《岩间圣母》，那么就很有必要说说这两个圣母的不同了。

藏在卢浮宫里的那幅画被认为出自列奥纳多的手笔，那是一幅无与伦比的杰作，然而无玷受孕协会却拒绝接受。理由我们大致可以猜测出来，因为列奥纳多违背了他们的"约定"，也就是那些人物安排的要求上。

卢浮宫的那幅画上，居于中央位置的是圣母玛利亚，然而他并没有画什么先知。他用自己偏爱的施洗者约翰取而代之，至于天使倒是有一名，据称是加百利。不过他让天使伸出一根神秘的手指指向施洗者约翰，这就让和谐的画面初看起来有点突兀，人物中心不再是圣母，也不是圣婴，而是施洗者约翰和天使。人们会很自然地注意到那个望向画面外部观画者的天使，以及他的手指所指向的方向。

这自然与无玷受孕协会的要求背道而驰，因此他们拒收了这幅画，双方在这幅画上产生了纠纷。至于列奥纳多为何不画先知，而画施洗者约翰，除了是他偏爱这个人物以外，恐怕也跟施洗者约翰是他的故乡佛罗伦萨的守护神有关。

从来艺术家的创作和委托人的期待之间会存在期待的罅隙，这种罅隙通常是以艺术家的不满——不满委托方的庸俗要求，委托方的愤怒——我出钱你就要听命于我，来表现的。纵观整个艺术史，我们看到的将是艺术家的坚持更有远见卓识和审美品位。

但是在当时，他们不会被理解。这也是艺术家领先时代，又无比寂寞的缘故。

■ "双城记"

这是巴黎与伦敦的"双城记"。和电影中那位"咄咄逼人"的律师观点不同，哲学家以赛亚·伯林这样理解宗教——"一种与上述文化平行的文化，即尚具可比性时期的圣经文化即犹太文化。你会发现一种完全不同的主导模式，一套完全不同的思想体系，对于希腊人来说是不可理喻的。犹太教和基督教的信念在很大程度上源于家庭生活的信念，源于父与子的关系，也许还源于部落成员之间的关系。人们据此解释自然和人生。这种基本的关系——比如子女对父亲的敬爱、兄弟情谊、谅解、上级对下级发布的命令、责任感、僭越、罪孽以及由罪孽派生出来的赎罪需要——这套综合属性成为创造《圣经》的人们以及深受其影响的人们解释整个宇宙的依据，但对希腊人来说纯属不可理喻。"（以赛亚·伯林《浪漫主义的根源》）

让我们仔细地想一下，假如是我们接受了无玷受孕协会的委托，我们又将如何去完成我们的作品呢？如果没有猜错的话，其中九成以上的人将选择按时按规定完成作品——不论是构图还是色彩，甚至包括人物，大概都要听命于委托方，用今天的话来说就是客户。在我们的时代，在多数人的行事准则中，将谁给我钱我就要为谁完成作品，作为一个有信誉的商业社会的标志，是并不奇怪的一件事，我们甚至将这种事例作为一种美谈行走于社会江湖。

不论是过去还是现在，很少有人敢去挑衅客户的审美原则与实用主义要求。多数人为了生活，将不得不一而再再而三地降低自己身份，求全于委托方。这是大多数的悲哀，杰作永远不会诞生于这样的商业委托中。

还剩下很少一部分，将会用自己的智慧、耐力、才华等，周旋于委托方的人际关系与不可思议的要求之间。最终，会有极少数客户听信于艺术家、创造者，极少数的杰作就是在这样的情况下诞生的。另有一部分，将会在艺术家的准则和委托方的要求之间折中妥协，诞生出中规中矩的，还算良好的作品。

列奥纳多的竞争者中，多数就是后两种。这要归功于美第奇家族的宽容自由信条——至少在对待艺术家的创作方面是这样的，他们放手让艺术家自由发挥，这才有了波提切利的杰作等等，不一而足。

但并非所有的委托人是这样的，多数的委托人喜欢限制和指手画脚，弄得似乎他们比艺术家更懂艺术。其实他们只是更懂自己的需求，有时就连这点他们也不如艺术家了解，但委托人凭借自己权势或金钱的优势，常常对艺术家形成压倒性的控制。

　　比如，无玷受孕协会就是如此，列奥纳多不买账。

　　他的不买账为自己和团队带来了麻烦。他的《岩间圣母》，无玷受孕协会拒绝接收，也就是那幅藏于卢浮宫的杰作，他们感到不满。为此，他和团队又创作了第二幅《岩间圣母》，这幅画就是现在藏在伦敦的那一幅。如果我们将两幅画细心地比对，就会发现在相近的构图和完全相同的人物之外，还有很多差异。

　　列奥纳多将圣母等人物置于一个岩洞内，所以叫《岩间圣母》。这个岩洞看起来并不让人觉得舒服，怪异嶙峋的岩石悬置于人物上方，造成一个逼仄、封闭、压抑的空间。岩洞由远及近，列奥纳多绘制了出色的风景，潺潺溪流，色彩不断变幻，远处呈现雾霭似的淡蓝色。

　　这得益于他对地理的研究。圣母自然是画面的中心人物，在她的左手边是天使、圣婴，右手边是施洗者约翰。在卢浮宫的那幅《岩间圣母》中，圣母以半坐的姿势，一手抓住施洗者约翰，一手悬置在圣婴的头顶上方，形成一个保护性动作。但那只手的动作虽为保护性的，却显得有些紧张，它们五指分开——这种紧张性里面，似乎暗示了圣母对于圣婴未来命运的领悟，因此出于母亲的本能，她伸出手要触摸保护他，但她的手指动作却显示了她非同寻常的内心世界。

　　至于她的另一只手所抓的施洗者约翰，长着一头金色的卷发，这是列奥纳多的偏爱，他正拱起双手朝着圣婴致意，而圣婴则一手撑住身后的岩石，右手伸出两指，微微指向施洗者约翰，给他以祝福。

　　在圣婴的旁边是天使加百利，他的模样像极了青年时的列奥纳多自身。雌雄同体的面容气质，金色的卷发，玫红色的披风——这都是列奥纳多的爱。天使的一只手扶着身旁的小圣婴，另一只手的食指指向施洗者约翰，他的嘴角带着若隐若现的微笑，他的眼神神秘，似乎望向观看者，又似乎望向虚空。

正是他的手指突兀，在圣母和圣婴之间形成某种距离，且他的指向让圣母和圣婴不再成为第一个受人关注的对象，而让施洗者约翰成为我们首先注意到的人物，这才令无玷受孕协会的人感到无法忍受，拒绝为这幅画买单。

其实，这神秘的手指以后也将成为列奥纳多的标志，后来在拉斐尔的名作《雅典学院》中，那个以列奥纳多为原型的哲学家柏拉图，他指向空中的手指并非空穴来风。至于雌雄同体的气质，在列奥纳多的作品中就更为多见了。以后在他的壁画《最后的晚餐》中又将再现。

与巴黎那幅《岩间圣母》相比，伦敦的这一幅去掉了那令人不安的手指，圣婴的头顶也多了一圈光环，他对面的施洗者约翰，在他拱起双手的怀抱里多了一根象征圣婴未来命运的十字架。施洗者约翰和圣母的头上也同样多了一圈光环。去掉手指的画面，让圣母子之间的距离不再。天使的眼神也从卢浮宫那幅游离于画面的局外人身份，变成了眼眉低垂的温顺姿态。

由于第二幅是团队制作，因此画面显得参差不齐。那雾霭和明暗变化明显的水流，更像是列奥纳多的手笔。伦敦的画作整体上比巴黎那幅棱角分明，这一点在圣婴和奇怪的岩石上面表现得特别明显。后来这两幅画经过现代科技人员的研究证明，伦敦的那幅画，岩石不再遵循列奥纳多的"自然主义"与"科学主义"相结合的艺术原则，换句话说，那幅画里的岩石不符合自然界现实，但巴黎的那一幅在科学性方面无可挑剔。

这也解释得通，这是一幅团队合作的作品。至于植物学方面的知识，也显示出了第二幅画作画者的任性。那些植物有违自然原则，且毫无象征性，只是作画者的随意选择。卢浮宫那幅画的植物显然是列奥纳多的精心选择，例如白玫瑰向来是用来比作基督高贵品德的植物，但是在这幅画中，溶洞里不会生长白玫瑰，于是列奥纳多就用了欧樱草来替代，就在他抬起的胳膊下方。因为这种画和白玫瑰一样，花朵的颜色是纯洁的白色。

再比如，圣母左上方有一丛蓬子菜，这是一种常见于马槽里的垫草。根据《圣经》的内容，我们知道圣婴是诞生在马槽里的。由此可见，列奥纳多的画作里处处都是典故、象征。

卢浮宫珍藏的这幅画完成的时候，列奥纳多和无玷受孕协会在金钱方面产生了争执。列奥纳多方认为，他在材料的消耗方面远远超过他们预付的八百里拉的酬劳。但是无玷受孕协会拒绝他们的加钱要求，且对列奥纳多没有按照他们的要求绘制作品感到恼火。最终这幅画卖给谁不得而知，总之它最后的归宿是巴黎卢浮宫。

至于伦敦珍藏的那幅，经过旷日持久的谈判，列奥纳多的多次润笔，对方终于接受了。回到《岩间圣母》本身，我们也许会对列奥纳多将如此神圣的画面布置在一个岩洞里感到好奇。他为何要将故事背景设置在这样的环境里呢？或许，这封闭的略微黑暗的岩洞，正如地球的子宫，孕育诞生了很多生命。也可以将这个岩洞看作是我们人类母亲的子宫——也许是他对重回母体的想象与怀念？又或者是他童年时，那次在佛罗伦萨乡间的奇异旅行，让他念念不忘？

总之，岩洞里的奇遇与未知，好奇与恐惧的情绪，一定是列奥纳多一生难以忘记的体验。

第十一章
肖像画作

■ 《音乐家肖像》

音乐是一门综合艺术，被誉为是无国界的艺术。音乐综合了诗、数学、哲学，单看这几个门类，多数人也许会不以为然。在众人心中，音乐最多和诗相连，就算拉上哲学，怎么还会和数学相连呢。

但事实却是，音乐的形式无不体现数学和谐与美的规律。

列奥纳多最初进入米兰宫殿的时候，我们都知道，他的身份不是他渴望的军事工程师，也不是为后世所熟知的画家，而是音乐家。他会制作乐器，也擅长演奏一种乐器，他风度翩翩，歌声美妙动听，为他吸引了众多赞誉和友谊。

他后来还画过一幅音乐家肖像，不过这肖像并不是他本人，而是一位年轻英俊的有着清澈目光的男子。这幅画是列奥纳多一生中唯一一幅男性肖像。众所周知，列奥纳多喜欢画雌雄同体的少年，除了宗教人物外，他的世俗肖像画作品几乎都是女性。

这倒不是说他沉迷女性形体美，他的传世作品之所以以女性肖像画为多，或许是因为他委托客户的缘故。

至于这幅唯一的男子画像，我们却无从得知他的委托者究竟是谁，似乎它只是列奥纳多自己的戏笔，又或者来自他对自己倾慕的人的一种表达。音乐家肖像，历来聚讼不已，有人提出这压根就不是列奥纳多的作品。理由很简单，在列奥纳多的笔记里或别的清单里从未见过它的身影，即便是在他同时代的文献里也尚未见到有记载。

但这并不能成为否定它的足够理由，我们很容易就可以列举出许多文化事件对它进行反驳。

于是，针对音乐家肖像这幅画，就有人说这幅画里的人物动作僵硬，他的朝向和身体一致，缺少列奥纳多作品里常见的动感——多数以走动、扭动或其它动作来表现。这确实是个问题，它毫无疑问缺少动感和戏剧性。通过眼神和动作去讲述故事，这是列奥纳多的偏爱，也是他的看家本领。人们当然有理由怀疑这样一部作品的归属。

不过，假如我们这样想一想，列奥纳多并不是一个人，他有自己的学生和工作室，也许答案就豁然开朗了。

和他的老师韦罗基奥不同，列奥纳多的学生和搭档们，没有一位能够超越列奥纳多这位老师的。别说超越了，就是接近的都难，这或许正是他成为文艺复兴大师的缘故。在这幅音乐家肖像画中，我们将看到我们所熟悉的金黄色卷发，这是列奥纳多的偏爱。

和以往我们看到的男性形象不同——列奥纳多笔下那些圣人或天使——这位音乐家并不是我们所想象的那种秀美到略带女子气的男子，也不是狂傲不羁的狂人气质，而是健硕的正常的俊美男子。他厚实的肩背，挺起的胸膛，虽然刻板，但毫无疑问是个健康的男子。

他穿着黑色与棕红色相搭配的袍子，只有上半身。最吸引我们目光的是他的眼睛，那是怎样一双清澈明亮的眼睛呀？望向不知名的地方，他的瞳孔似乎能倒映出人世间的一切。这样出色的手笔，非列奥纳多本人不可。他高挺的鼻梁，坚毅的嘴唇，轮廓分明的脸，方正的脸颊，显示出他是个意志坚定的人。画人物，就是画心理，画个性。这一点，列奥纳多从未怀疑过。他并不注视我们，不像列奥纳多其他那些卓越的人物肖像画——想一下，蒙娜丽莎无论你从哪里望过去，仿佛她都在和你对视。

音乐家肖像，他拒绝对视，似乎对我们的目光毫无兴趣。他的目光所及之处，恰是我们无法看到的部分。但是我们却不能说毫无感知，从他的眼神里，我们明确能够感知到他的思想。他在想什么呢？他思考什么呢？他严肃的面庞和严峻的表情也说明了他是个严正的人，而非举止轻浮的年轻人。

唯有那双略显女气的手，似乎和他健硕的身形以及阔大方正的脸不相符。那只手拿着一张乐谱——正是这个动作，表示出他的音乐家身份，这是画家们常用的"伎俩"。想想数学家帕乔利身边的几何图形，还有那些球体，无一不是为了说明画中人物的身份。

不过对画中人的真正身份，也是众说纷纭。有人说这是当时米兰大教堂唱诗班的指挥，这个人也是列奥纳多在米兰的朋友。还有别的艺术史家对此有不同意见，认为这张音乐家肖像画的是列奥纳多在佛罗伦萨时的密友阿塔兰特。

阿塔兰特很早就和列奥纳多认识，还是个少年的时候就成为他的密友。后来，当列奥纳多离开佛罗伦萨的时候，他随同列奥纳多前往米兰谋生。

他在列奥纳多的栽培下，成为米兰宫廷里杰出的音乐家。

从这幅没有委托人的画作里，我们可以轻松地辨认出哪些是列奥纳多的手笔，哪些是他的学生与合作者的手笔。他那张诱人的面孔，清澈而坚定的眼神，美丽的卷发，这一切都是列奥纳多所作。

阿塔兰特也许正坐在他的面前，宁静地凝视着他，为他做模特。也许阿塔兰特压根就不在他面前，他凭借的仅仅是回忆。作一幅画，正如写一首诗，诚如英国浪漫主义诗人华兹华斯所言——在宁静的回忆中创作。

无论这幅画聚讼不已的议题如何变化，始终不变的是画中人明净的眼神，带给我们稍纵即逝的永恒之美。

■ 《抱银鼠的女子》

多年前，我第一次见到列奥纳多的这幅杰作——《抱银鼠的女子》的复制品。画中女子优雅的表情和充满机警的眼神，以及那只银鼠的动作神态给我留下了深刻印象。

但在当时，我并不知晓这幅画的主人究竟是谁。列奥纳多就是有这种本事，让你哪怕在匆忙一瞥中，也能在头脑里留下他作品人物的位置。

后来我当然知道了很多关于这幅画的秘密，比如这个美丽优雅的女人真实身份其实是米兰公爵卢多维科的情人，名叫塞西莉亚。毫无疑问，这是一位品味高雅的美人，这一点我们仅从列奥纳多的作品中就能感受到。

塞西莉亚·加莱拉尼，她是一位地道的米兰美人。她出身于一个典型中产阶级家庭，父亲是公爵的财务代理人，同时还是一名外交官。她的外祖父是一名学者，法学教授。父母两方的社会地位，按照中国的说法，她的父母结合可算是门当户对。

塞西莉亚的家庭能够保证她生活富裕稳定，并接受良好的教育。这可以从她会用拉丁文写作，还会写诗等方面看得出来。证明她接受过较为系统的古典教育，以及新兴的人文主义思潮的教育。

她曾有一个相对来说比较幸福的家庭，不过在她童年的时候，父亲就去世了。几年后，当她还是个十岁孩童的时候，她的兄长做主，为她挑选了一门相当不错的婚姻。对方是古老的维斯孔蒂家族，这个家族曾经统治过米兰地区。但是很快几年后，我们发现她的婚约被无故解除了，她的兄弟们并未按照给付约定的嫁妆。出于当时对女性贞操的重视，解除协议上注明了他们尚未同房，塞西莉亚的贞洁完好如初。

这是怎么一回事呢？

答案呼之欲出。当时残暴无比的卢多维科，早已为塞西莉亚的美貌与品位所倾倒。必须要说的是，这位残酷的摩尔人在对待女人方面的审美一直无可挑剔，不过有一项障碍从一开始就横亘在他们之间。那就是他早已订婚，且对方的家世尊贵而古老，有着他割舍不下的利益链条。那是意大利费拉拉公爵的女儿，她的家族是意大利最古老的贵族之一。我们都知道卢多维科的家族对米兰的统治并不稳定，他们是伴随着军功武力上位的家族。也因此，卢多维科才引进了如此之多的知识精英，想要为他的统治歌功颂德，并借此打造一个科学研究与艺术创作并重的都市。这些不仅是卢多维科的野心，也是他们家族能够顺利统治米兰的成绩。换句话说，艺术家们都是他们家族脸上的粉。

与此同时，他们积极寻求与欧洲尊贵家族的联姻，借此巩固家族在米兰的统治地位，以及建构他们的政治声望。这些信息可以让我们了解，为何卢多维科如此爱塞西莉亚却没有娶她，而只让她成为自己的"金屋藏娇"。塞西莉亚在解除了与维斯孔蒂家族的婚约后，就被他妥善安置在他的城堡之中。

一年后，她怀孕了。

尽管卢多维科此时还沉迷于塞西莉亚，对与费拉拉的阿特里斯的婚姻毫无兴趣。但随着婚期的临近，这种压迫感将不得不改变他们的关系。何况，他们的事情没有逃脱费拉拉公爵派到米兰的大使的眼睛。作为费拉拉公爵的人，他当然要忠诚地履行他的职责。他将自己在米兰所听到看到的一切，老老实实地呈报给费拉拉公爵，告诉他米兰公爵在这里有了一位情妇，美若天仙，他们经常在一起，住在斯福尔扎的城堡里。米兰公爵想要给她一切，且塞西莉亚怀有身孕了。

这样的报告呈到费拉拉公爵处，可想而知结果怎样，他们的婚期被推迟了。一直到第二年，他们才在帕维亚和米兰举行了盛典，庆祝他们的联姻。

而作为情妇的塞西莉亚，她的使命也快结束了。她为卢多维科生了一个儿子，带给卢多维科诸多欢愉。然而，在卢多维科结婚之初，她和公爵依然保持着热烈的情人关系。或许是阿特里斯为他们这种关系所伤害，在大使给费拉拉公爵的报告中，他提及卢多维科曾向他倾诉心中的苦闷。阿特里斯不愿意与他同房，希望卢多维科能到塞西莉亚那里去。卢多维科毫不掩饰地对大使说他想要和塞西莉亚安静地待在一起，他说这也是阿特里斯的愿望。

这恐怕是卢多维科的"假说"。即便是妻子这样说过，也未必出于真心。哪个女人愿意自己的男人到别的女人那里去呢？卢多维科之所以这样说，可能一方面是为了减轻自己的道德负担——尽管这是一个到处都是私生子的时代，他又是手握权力的公爵，也不能逃避良心对自己的责罚。

至于阿特里斯，她这样说完全可以看作是一种赌气，或者出于老贵族的骄傲。既然你的心不在我这里，那么你就远离我吧。

事实上没用太久，她就赢得了卢多维科的尊重与爱。而塞西莉亚，卢多维科本着为她负责的态度，将她嫁给了一位富有的伯爵，让她继续过着尊贵的令人羡慕的生活。此后，塞西莉亚像众多富有教养的欧洲贵妇一样，热衷艺术，成为一位受人尊敬的文学赞助人。

应当说塞西莉亚比阿特里斯要幸运得多，因为阿特里斯后来年纪轻轻就去世了。最为重要的是，塞西莉亚的花容月貌被列奥纳多的妙笔保存了下来，成为举世闻名的肖像画。

当时，卢多维科的身边有一位很会阿谀奉承的宫廷诗人。他写过一首十四行诗，赞美她的美貌。

美丽的大自然，你为什么愤怒？你因何嫉妒？

莫不是为了芬奇描绘了一颗闪亮的星星？

塞西莉亚，她在这一瞬是如此美丽

就是太阳，也在她的双眸中失色

他笔下的她似乎在倾听着什么，她的唇不曾开启

你要感谢卢多维科

还有那天才技艺的人，列奥纳多

他们想让她的容颜不朽……

这是还算诚实的诗作。按照今天流芳后世的结果来说，他的夸张并不算夸大。这张肖像画很容易让人想起他在佛罗伦萨时期的《吉内薇拉》，以及后来的《蒙娜丽莎的微笑》。除了肖像本身对象是年轻女性外，还在于列奥纳多技艺的连贯性，和我们不需要多高深的美术知识也能感受到的他对自我的超越。正如罗马不是一天建成的，大师也不是一蹴而就的。

如果我们仔细观察《抱银鼠的女子》，我们就会发现，她属于二者之间的桥梁，也就是从她的身上我们既能看到后来的天才之作《蒙娜丽莎的微笑》的影子，也能看到过去《吉内薇拉》的印象。

塞西莉亚身着一件西班牙风格的袍子，色彩艳丽而丰富。黑、橘、棕、蓝，互相缠杂，这种流行服饰也显示出了塞西莉亚的地位——只有富裕的阶层才有可能第一时间穿上国外的流行款式。

画面中，特别引人注意的是人物身体倾斜的角度与怀里的银鼠，他们之间表现出惊人的一致性，特别和谐，令人想到她和卢多维科的关系。至少在那时他们是相爱的，并且十分契合。

银鼠这种动物一直是纯洁和高贵的象征，据说银鼠宁死也不愿被玷污，为了维持身上纯白的皮毛，它的进食很有节制，宁愿被捕获，也不肯将自己委身于肮脏的洞穴。

显然，这银鼠不仅是个简单的动物，它还是塞西莉亚高洁品格的象征，何况银鼠的希腊语很容易让人联想到这幅画主人的姓氏。这种暗示和视觉上的相似，列奥纳多从来就得心应手。在《吉内薇拉》中，他也用过同样的手法。

此外，卢多维科还被称为为意大利的摩尔人——银鼠。他还被那不勒斯国王授予过银鼠勋位。因而这只特别的动物不是随机选择的，它不像猫狗那样随意，而是充满了隐喻和象征。

正如那位为这幅画唱赞歌的诗人所言，画面中的塞西莉亚正在倾听着什么，她也许想要回应对方的话，她的嘴虽然闭着，但是却仿佛随时在准备应答。

她的神秘的微笑，那表情和蒙娜丽莎仿佛有某种亲缘关系，似乎是一对优雅的姐妹。她目光悠远而专注，看向画面外的某处。无人能够了解她当时望向的地方究竟是哪里。是一个人还是空无一物？她是望向一旁的爱人卢多维科吗？还是她仅仅是思考自己的人生？又或者什么都不是，她只是想着某些可笑的瞬间。

总之，她的神秘微笑，在这一刻，仿佛能够让我们看到她听到或想到了一些还算愉悦的事情。怀里的银鼠，眼神机警，高昂着的头略带紧张的爪子，好像随时预备溜走。但是另一边全然放松的爪子，以及它和主人和谐一致的动作，又让人相信他们是天作之合。这几乎就是塞西莉亚和卢多维科之间关系的说明。

塞西莉亚略微张开的手，也让我们很容易想到列奥纳多《岩间圣母》中圣母的手势。既是保护，也充满了紧张感。它不是全然放松的，它的中间是空着的。假如它是完全放松的状态，那么我们都很清楚，它应该是全部放在银鼠的身上，就像我们平时爱抚猫咪和狗狗一样。

这样的手势也暗示了她和卢多维科的关系。我们必须承认列奥纳多是深谙人物心理的大师，这样的天才细节，既做到了忠实，又不那么容易遭到否定。

至于人物鼻翼下方的阴影处理，那显然比音乐家肖像要好多了，这也显示出列奥纳多的实验与技术进步。薄如蝉翼的面罩，银鼠毛茸茸的头部和塞西莉亚吹弹可破的肌肤，都处理得十分高超。

历史如水，永不停歇。无数的人来了又去了，就像江河湖海里的一滴水。卢多维科的野心事业，最终比不过列奥纳多的艺术寿命。当他们如潮水般退去，唯有这幅《抱银鼠的女子》还在。并且她将永远存在，永远年轻。

■ 《美丽的费隆妮叶夫人》

像米兰公爵这样的男人，他是任何女人都无法捆绑的。他们天生只忠于自己，而非任何别的人。很快，在塞西莉亚之后，他又有了新欢。

新欢不是别人，而是他的妻子的侍女，一位名叫卢克雷齐娅的女性。她也和塞西莉亚一样，为卢多维科生了一个儿子。或许是作为奖赏，他请列奥纳多为他这位新的情人画一幅肖像画。

人们普遍有这样的心理——总想要留下自己所爱的人的样貌，甚至是气味。假如我们每个人都会作画，相信任何一个恋爱中的人，哪怕那份爱已经远逝，都会想要拿起手中画笔，为所爱留下一张恋爱的脸。卢多维科也不例外。从前，他能请列奥纳多为他绘制塞西莉亚，现在自然也会请他绘制卢克雷齐娅。由此也可见，塞西莉亚肖像让他很满意。卢克雷齐娅肖像，如今被称为《美丽的费隆妮叶夫人》。我必须坦白我的直观印象，第一眼看见这幅肖像的时候，我很难将她与美丽一词联系起来。咄咄逼人的眼神，过于丰腴乃至显得健壮的身材，乃至呆板无比的发型，表情中缺乏列奥纳多其他作品的生动，以及充满心理活动的暗示，动作也过于僵硬，总之一句话，她看起来一点也不像是大师作品。

就是这个肖像本人也毫无出彩之处，缺乏魅力。假如单独从两幅肖像画来说，我们会毫不犹豫地质疑卢多维科对女性的审美，因为她看起来和塞西莉亚完全无法相提并论。塞西莉亚的美，神秘而优雅，仿佛从文艺复兴时代正向我们走来。她那双美丽动人的眼睛，虽然更可能看的是情人卢多维科，然而我们却愿意想象，她看的是我们。

可是这位费隆妮叶夫人却没有这些特质，她那一点也不友好的眼神，略显老气的打扮，都让她和我们无法亲近。她看起来是那样凶悍，以至于这违背了列奥纳多所心心念念的优雅原则。

后来发现对此提出怀疑的并不在少数，其中就有艺术史家伯纳德·贝伦森。这位举世公认的文艺复兴艺术史大师，经常为一些收藏家或艺术品拍卖提供意见。这位艺术史大师曾居住在列奥纳多的故乡佛罗伦萨，他的别墅也在他去世以后成为哈佛大学意大利文艺复兴研究中心。他曾这样说过："那些被迫接受这（指《费隆妮叶夫人》）是列奥纳多作品的人最终肯定会后悔莫及。"

但是大师说完这些话以后，在他的晚年还是认为这应当是列奥纳多的作品。他的门徒，著名艺术史家肯尼斯·克拉克，也认同这个观点。克拉克认为这不是列奥纳多特别用心的作品，这只不过是他作为一名宫廷艺术家的命题习作，也有可能只是列奥纳多向卢多维科献媚的作品。一句话，这不是大师为了流传后世而创作的作品，只不过是他取悦公爵的作业。

我们很难知道究竟是为何，他对这幅画显得漫不经心。也许是他那个时候忙于别的实验研究，时间精力不济。也许只是这个被画的对象，无法吸引他，不能激发艺术家强烈的创作欲，自然也就无从谈起天才的画笔。

在这幅肖像中，费隆妮叶夫人的左部脸颊上有一块强烈的光斑。按理说，那时的列奥纳多已经做过很多光学实验，他在塞西莉亚的身上已经完美体现了他的科学研究成果。但是不知何故，她的脸上依然有一块突兀的光斑，就像音乐家肖像的鼻翼下方那块突兀的阴影一样。我们有理由相信，这大概是列奥纳多不太走心又或者是还没来得及修改的未完成作品，如他的众多作品一样。

　　当然，这幅画除了以上那些令人难以忍受的缺陷之外，我们也不难看到大师手笔。费隆妮叶夫人的肩部，那些丝织物透明感就完全不像别人所能完成的，至少列奥纳多工作室的学徒们还不具备这种功夫。这让我们有理由相信，《美丽的费隆妮叶夫人》至少拥有大师的手笔。

　　至于其他部分，不难猜测的结果是学徒们协作完成。

　　无论怎样，这都算不上一幅杰作。美丽的费隆妮叶夫人，只能是徒有美丽之名了。将她放到塞西莉亚的身边，人们毫无疑问都会被塞西莉亚的魅力所征服。或者这是列奥纳多的某种反抗——对自己毫无兴趣的人，他无法勉强自己。

　　这幅画的结果就是宫廷艺术家被压抑天性，部分丧失自由的表现。这是令人惋惜的，毕竟，艺术即自由，哲学家阿多诺如是说。

第十二章

《最后的晚餐》

■ 拖延——艺术大师的忠诚"伴侣"

毫无疑问，《最后的晚餐》是列奥纳多最为重要的作品，举世闻名。论影响力和知名度，恐怕只有《蒙娜丽莎的微笑》能够与之媲美。不过要说起这幅杰作，恐怕还得从它的委托任务说起。

卢多维科在感情方面是个不折不扣的浪子，在塞西莉亚和费隆妮叶夫人之后，他又有了好几位情人。也许，有时是"多线发展"。他在婚后似乎在经过短暂的一段磨合后，夫妻二人情感还很深厚。出身古老贵族政治世家的妻子，显然在政治远见方面要胜过他的其他情人们，因此卢多维科对她越来越敬重，并依赖和看重她的意见。

然而好景不长，妻子年纪轻轻的就去世了，这对野心勃勃的卢多维科来说不啻晴天霹雳，他将妻子安葬在米兰中心圣玛利亚感恩教堂。在一些有关意大利的纪录片中，我们能够看到这座雅致小巧的教堂。这里并不大，但是足够安静。列奥纳多的朋友，建筑师布拉曼特曾重新修建过这个修道院。

这里建了一座新饭厅。思念妻子心切的卢多维科，每周都要到这里来用一次餐，借此缅怀他的亡妻。或许，这就是人性。死亡以一种不容置辩的压倒性的气势，占据生者的心灵。从这个意义上来说，死亡也是一种生。

相信卢多维科对活着的比阿特里斯比死了的更深情。因此，他对妻子死后长眠之地十分重视，想在新建的饭厅墙面上绘制一幅以《最后的晚餐》为题的湿壁画。湿壁画是最挑战艺术家的艺术，它比帆布上的油彩更难控制。画家必须成竹在胸，在将干未干的石灰墙面上涂抹上颜料，等到干了的时候画作也就此定型。

列奥纳多在卢多维科的宫廷里技艺精湛，已经深得卢多维科的信任与赞赏。因此，这项重要工作自然就落到了他的身上。《最后的晚餐》也是取材于圣经的内容，故事内容为世人所熟知，历史上有不少艺术家就这个题材进行过创作。

不过，列奥纳多虽然技艺方面深得卢多维科的赞赏，但是他那精力分散、喜欢拖延的老毛病却让人头痛。可以这样说，拖延症才是这位天才大师的忠实伴侣。

当他接下这项任务以后，我们不能不说他是相当重视的，这和他对待费隆妮叶夫人的态度完全不同。但他也和过去的创作过程一样，充满了不断的实验和构思。这就消耗了他大量时间精力，让他的工作一再不能及时完成。

他在绘制这幅壁画的时候，时常有人去观摩。他是如何工作的呢？是不是像米开朗琪罗在画西斯廷穹顶的时候那样废寝忘食？似乎是这样，但又不完全如此。

有时一大早他就来到修道院，爬上脚手架，饭也顾不上吃，整天笔不离手，就在那里画啊画。这样的工作状态并非一直能持续，更多的时候，他只是站在那里沉思，一言不发，静静地注视着那堵墙，几乎像面壁。

他在思考什么呢？某个人物的内心活动？他们的布局？某位圣徒的形象？耶稣的动作？无人得知。但可以想象，这些都在他的思考范围之内。或许，有时只是某个细节，一件物品的摆放位置，手的动作，衣服的色彩。

总之，他在那些日子里，踌躇满志又迟迟不肯动笔。让周围的人看了很着急，人们猜不透这位大师为何不肯添上一笔。因为在不理解艺术创作的人心中，思考、观察、冥想这些活动不是创作，唯有真正动笔涂抹的时候才算创作。构思且不说了，搜集素材也不能算作创作的一部分。

有的时候，他的思考有了灵光一现的瞬间，他会突然被某种激情附体一样，冲到那里添上一笔两笔。这种表现在旁人看来无异于近于疯癫，充满了艺术家所共有的神经质特性。

这样的工作状态被报告到卢多维科那里，引来了一则为后世所熟悉的趣闻。打报告的人是修道院的院长，他对列奥纳多总是停下画笔，不能像个园丁那样一直锄地修剪花草感到不满。为此，卢多维科召见了列奥纳多，但很快，两个满怀野心的男人谈话变成列奥纳多对艺术创作的演说，以及对卢多维科的说服过程。列奥纳多向卢多维科解释艺术家的创作过程非常特殊且复杂，不像其他工作可以一刻不停地进行下去。他还振振有词地为自己辩护道："天赋越高的人，工作越少，他的成就越高。"

他将自己的构思情况告诉公爵，并说自己如果不是完全构思完成，他是不会去动笔的。仓促之下的工作，自然不及成熟思考后的创作。在他这番解释之下，公爵被彻底说服了。尤其他说他构思的十二门徒中，只有犹大一个人没有找到理想的模特，如果修道院院长再不满意的话，他将考虑用修道院院长作为犹大的形象。这番玩笑令人忍俊不禁，米兰公爵心情大好，决心放手让他去创作。

然而，话是这么说，拖延久了，不免让公爵也发愁恼火。他跟自己的秘书说，让佛罗伦萨来的列奥纳多赶紧工作，你和他签署一个协议，以此敦促他能及时完成作品。

不过，这项拖延了许久的杰作最终还是在万众瞩目的期待中完成了，这是列奥纳多一生的高光时刻之一。《最后的晚餐》以其出其不意的人物布局与瞬间戏剧性叙事艺术，为它自己赢得了世人的赞许。

■ 瞬间叙事的艺术

什么是瞬间叙事的艺术？假如我们能回想一下俄罗斯巡回画派的几位代表性画家的作品，我们就能瞬间明白瞬间叙事艺术。苏里科夫的《女贵族莫洛卓娃》《近卫军临刑的早晨》，列宾的《伊凡雷帝》《查波罗什人写信给苏丹王》等均是采取历史事件中的某个瞬间，用艺术再现的手法让我们领略到那个瞬间的魅力。

比如女贵族莫洛卓娃，显然这位女性的一生有很多事件，但苏里科夫选择的是她遭到流放的瞬间。于是我们就在画面上看到她苍白地坐在雪橇上，但精神亢奋，竖起的两根手指既像是引领她的信徒，又代表她坚定不移的宗教信仰。她张开的口似乎在演说，手腕上戴着的镣铐也不能禁锢她的宗教热情。她的眼睛里喷着火，她的周围围着各式各样的人物。有跌坐在地上的贫苦信众，有惊恐莫名的，也有好奇的，还有带着微笑观望的……

至于《查波罗什人写信给苏丹王》，简直是瞬间艺术的典范之作。各式各样的骁勇的人们，在给苏丹王写去一封拒绝的信。那些人性格各异，动作不同，几乎都在笑，但笑与笑的表情却不尽相同，这一点我们回头在列奥纳多的杰作《最后的晚餐》中也将看到。尽管他们是不同国度的，且相隔几百年的艺术家。

《伊凡雷帝》中，列宾选取这位残暴的暴君一生中最特殊的一刻，那就是他在盛怒之下杀了自己的儿子伊万的那一刻。画面中，他的双眼充满恐惧和悔恨，他抱着已经被他击倒在地的伊万，一只手妄图去止住儿子头上的血，嘴唇亲吻他的头部。那支被他用来击打儿子的权杖，此刻就躺在二人身旁不远处，代表他即将丧失它。

现在再回到列宾与苏里科夫之前的天才大师列奥纳多的身上，他选取的也是一个重大事件中的瞬间。在《马太福音》中，耶稣说："同我蘸手在盘子里的，就是他要卖我。"列奥纳多选择了耶稣说完这句话的瞬间，耶稣本人以及十二门徒的各自反应。面对同一事件，不同个性的人将有不同应对的方式，列奥纳多在人物布局和刻画上显示出了天才的手笔。

首先，他将十三个人全部置于一排，这种安排本来是极为危险的。因为这样做很容易造成画面呆板僵硬，仿佛流水线上的产品。但是他打破了这种局面，别出心裁地将耶稣置于中心位置，而将十二位门徒分成四个小组。每三个人一组，仿佛小组讨论有关耶稣被门徒出卖这件事，这就不再有呆板和僵硬的危险。

我们都知道列奥纳多喜欢观察人且随时记录的习惯，在他留下的笔记里，有一些是他对餐桌上大家讨论意见的记录：

一个正在饮酒的人放下酒杯，把头转向说话者；一个人双手手指绞在一起，皱着眉转向他的同伴；一个人双手摊开，露出掌心，双肩高耸及耳，惊讶得目瞪口呆；一个人对着邻座耳语，邻座的人侧耳倾听，一手拿着餐刀，一手拿着切到一半的面包；另一人手拿餐刀转身的时候，碰倒了桌上的酒杯；一个人手扶桌子，目光凝视；一个人嘴里塞满食物，张口喘气；还有一个人向前探身，手遮在眼睛上方，想看清说话者。

他的这些人物动态思考，我们在《最后的晚餐》里都将看到。

我们先来看看列奥纳多是如何将圣徒们"组团"的：

巴多罗买、小雅各、安得烈；老彼得、犹大、约翰；多马、老雅各、腓力；马太、达太、西门。

在听完耶稣的话以后，众门徒有的表示恐惧，有的表现出难以置信的表情，而有人则是愤怒地站了起来，这个人就是个性暴烈的老彼得。他听到如此耻辱的事情后，非常激动，身体越过犹大，眼睛里有询问的怒火，似乎在问：主啊，告诉我那个叛徒是谁？

而被他"压"在身下的犹大，他的刻画是最为精彩的：他因为心虚，身体的动作瞬间自然反应是向后倾倒，距离耶稣远一点，这是他的本能反应。列奥纳多实在是个大师，这样的心理刻画能力，实在罕有匹敌。犹大因为背叛行为被耶稣知道，内心惶恐，他的动作激烈，一只手紧紧抓住因出卖耶稣而获得的银币，但他却因为紧张而打翻一瓶盐，这个小道具的设计令人折服。

在他身旁的约翰，因为听说这样的悲剧，内心遭受重创，几乎无法承受，他低垂着头，双目紧闭。在丹·布朗的著作中，这位略显女性化的人物形象，被改成是一位追随耶稣的女性，抹大拉的玛利亚。假如位移一下，我们很容易发现约翰几乎是靠在耶稣的肩头，那个姿势满是忧伤、信任和爱。约翰雌雄同体的形象确实让人感觉可疑，假如并不了解列奥纳多的话。

但我们在前面的章节中，已经了解到列奥纳多对笔下人物的这种偏爱。他几乎很少画那种雄健有力的男性，哪怕是在他的草稿中。这一点和米开朗琪罗完全不同，我们有理由相信这和他的个性有关。他总体来说个性优雅较为平和，不像米开朗琪罗如同愤怒的雄狮。他对人物的这种处理也像他对风景的处理一样，界限模糊，没有明确的界限感。性别也一样，没什么神秘。

在他过去的作品中，雌雄同体的现象屡次出现，因此十二门徒中约翰的形象并不奇怪。这一组人物个性饱满，动作各异，几乎可以说是四组门徒中最为杰出的一个。

现在再来看第一组人物：巴多罗买、小雅各、安得烈。三个人将头扭向位于画面中间的耶稣，显示了惊奇和询问的意愿。

巴多罗买双手按在桌子上，激动不安又愤怒，仿佛在说："主啊，这个无耻叛徒是谁！"小雅各张开双臂，将身边两个人环抱于自己的怀抱里，显得信任，一只手搭在老彼得的肩上。须发皆白的安得烈双手摊开，似乎在说："竟有这样的事情！我肯定不是那个叛徒！"

另一组靠近耶稣身边的人物：多马、老雅各、腓力。这三位的动作尽管各异，但却显示出惊人的叙事一致性。一位张开臂膀，出于对背叛这件事的恐惧和厌恶。谁能想到出卖主的人竟然是主的追随者呢？另一位双手指向自己，那表情似乎在问是我吗，主？还剩下一位手指向天，这是列奥纳多特别喜欢的手势。在这里，仿佛是说我对着全能知的上帝发誓，这个叛徒绝对不是我。

还有最后一组人物：马太、达太、西门。

这一组人物形成一个讨论小组的闭环氛围，他们之中没有一个人面向耶稣，只是和对方讨论背叛主这件耻辱的事。马太虽然参加了讨论，但是他的一双手却反向指向画面中心人物耶稣。这三位门徒显得对背叛这件事义愤填膺，但彼此之间没有怀疑，也对自己没有任何惭愧的表现，他们似乎在这一瞬间立刻就相信，主说的那个叛徒不是自己，也不是另外两个人，他们于是投入到讨论事件的氛围中。

这就是列奥纳多的天才杰作，整部画作充满了戏剧张力，瞬间叙事的艺术让我们感受到这十三个人的鲜活饱满。我们不论从哪个角度去欣赏这幅画，都能置身于他们之中，仿佛我们也在历史之中，在事件之中。

这种强烈的代入感应该说归功于列奥纳多的创造，归功于这种截取事件一个横断面的勇气和魄力。我们这些欣赏者，既在其中，又不在其中。这份奇妙的审美体验十分美妙。

不过这幅举世闻名的杰作，后来经历过兵燹之灾和时间的洗礼，这期间除了神秘的命运，还有无数人对它的保护，否则这幅画恐怕早已面目全非了。

■ 毁损和修复

《最后的晚餐》是一幅命运多舛的杰作。

它曾经为列奥纳多赢得了一座美丽的葡萄园，那是公爵卢多维科奖赏他的工作的礼物。但是列奥纳多向来是个天才构思大于执行力的人，他的个性在这幅作品上也有所显示。尤其他的老师韦罗基奥是个雕塑家，一生没画过湿壁画。这对列奥纳多来说是个致命伤害，他对湿壁画的技巧掌握全靠自学。

他又是一个从来不走寻常路的人。湿壁画是在石灰半干未干的时候添上色彩，等到凝固干透的时候画作显现，作画前必须构思好，因为落笔不好修改。列奥纳多在画《最后的晚餐》的时候，他又一次想尝试新的画法。他的创新是从作画的素材上开始的，他一反常规，决心在已经干了的墙面上实验他的颜色革命。

他采用水和蛋黄混合起来的蛋彩颜料，先在墙面上涂抹上白色的粉，然后再刷一层底漆。列奥纳多的个性不是"竞争型"的，换句话说，他在没有压力或压力较小、自由度较大的情况下，他的创作会更好。因为他生性爱思考而非行动，他喜欢不紧不慢地工作，闲适地生活。湿壁画一次成型的特质，时间短任务重，他几乎本能地抗拒。

但是，他的这种色彩实验结果怎样呢？很不理想。

1498 年的时候，他完成了这幅巨作，公爵十分满意，应当说残暴的卢多维科有很好的艺术审美品位。可是才过了二十年，这幅杰作已经开始脱落。到了米开朗琪罗的学生——艺术活动家瓦萨里在撰写列奥纳多的传记时，已经声称这幅画被毁了。一个多世纪以后，当年光彩夺目的人物开始变得黯然无光，色彩也显得破败，一幅萧条衰落景象。

感恩教堂的修士们对此毫不珍惜，他们大约认为这不过是一幅普通画作。毕竟在意大利全境，大大小小的教堂都少不了壁画之类的宗教作品，他们见惯不怪了。这让修道院的修士们竟然异想天开，胆大包天地在那面壁画的墙下方开个门洞。

就这样，耶稣的脚被切掉了！然而你以为这就结束了？远远没有。列奥纳多的杰作，将在失去主的脚之后，迎接接二连三的毁损。

而这些毁损往往却是以修复的名义进行的，这真是令人无法忍受。

《最后的晚餐》也惨遭如此对待，第一次留下修复工作记录的是两个世纪后的 1726 年，修复者使用了油彩而非列奥纳多原来的蛋彩颜料。其后不久，在 18 世纪末又进行了一次大修复。这次修复与上一次不同，上一次，修复者只不过是用油彩和清漆对缺失的部分进行修复，后来这一位显然比他要大胆自信多了。他也许极为看不上半个世纪前那位修复者的工作，将他的工作痕迹全部清除。这还不是最致命的，最致命的是他将要自己重新手绘人物的脸部。

谢天谢地，后来由于公众的抗议声特别强烈，他才收笔。然而，一切已经晚了，只剩下三个人物的脸部得以保存，聊胜于无吧。

胆大狂妄的人实在不少，后来还有人想把这壁画移走。在第二次世界大战期间，这幅画又险些遭到炮弹袭击，幸亏被沙袋保护了，这或许是命运的奇迹吧。

在二十世纪，这幅画还曾进行过一次旷日持久的修复，历时二十多年。这次不是一个人，而是一个拥有现代科技手段的专业团队。然而，众口难调，再厉害的修复者也难以取悦众人。但是这一次不像以往那样狂妄无知，而是小心翼翼地进行。

团队努力的最终结果就是使得这幅画有了栩栩如生的面目，那些人物好像又重新活了起来。

这就是我们今天看到的《最后的晚餐》，这幅杰作是层累地添加的结果，没有令人满意的修复。

第十三章

佛罗伦萨，一切未完成

■ 母亲的葬礼

还能记得列奥纳多的洞穴历险吗？他对幽暗不明的地方，又是恐惧又是好奇，他将这样的地方视为女性的子宫。他还绘有两性性交图，以及胎儿在子宫里的解剖图，他对生命起源一直抱着极大的好奇心。

提到生命的起源，世间的人特别奇怪，想到的总是母亲，而非父亲——至少想到母亲居多。

母亲，使我们想到我们生命的来处。列奥纳多作为一个私生子，他和父亲的关系疏离，小时候陪伴他的不是父母而是爷爷奶奶和叔叔。

他的笔记中很少记录私人生活，不知是出于什么原因，他几乎从不吐露自己心声。抱怨也好，想念也罢，什么文字都没有留下。他似乎有意为之，他对暴露自己隐私或者说暴露自己的生活一直有种莫名其妙的恐惧。我想这种心理特征，多少跟他私生子的身份有关。他缺乏安全感，他无法在笔记中袒露自己，担心被别人窥见内心深处。因此，列奥纳多的个性在优雅温和之外，带着与生俱来的疏离感。

在关于母亲卡泰丽娜的死亡这件事上，他也表现出一如既往的疏离和谨慎。卡泰丽娜在和列奥纳多的父亲分开后，又嫁给芬奇镇的一个男人。他们又生了五个孩子，四女一男。丈夫去世后，她的生活无依无靠，因为他们共同的儿子也死了。那时，她已经是个年近六十岁的老年妇女了。在那个平均寿命很短的 15 世纪，她这个岁数已经算很高了。

这个时候，摆在她面前的路几乎没有什么可选的了，只能动身前往米兰投靠长子列奥纳多。因为那时列奥纳多在卢多维科的宫殿里地位很高，那是他在米兰公爵那里的事业巅峰时期。他被任命为斯福尔扎宫殿里的艺术家和建筑设计师，而且由于他曾经给斯福尔扎家族设计了骑士纪念碑和巨型铜马像，他还被尊为雕塑家。此时他的身边环绕着一群艺术家，还有学生和助手，他的生活无忧。

他基本上展现了他在初到米兰时给公爵的自荐信中所夸耀的所有能力，除了军事工程师等职务，这在不久就要到来的战争中即将发挥作用。

那是一段相对稳定闲适而享有荣誉的日子。

他在少得可怜的笔记中，透露了一点点他的忧虑。"谁能告诉我，卡泰丽娜究竟想做什么？"这时他一定已经得知了母亲无依无靠的情况，但他还在犹豫。犹豫什么呢？他那样慷慨的人，肯定不会是因为考虑到母亲到来后的生活开销增加问题。他大约是因为不知道如何和母亲相处，毕竟他们的感情不深，从小不在一起，长大后又长期分离。

但是她毕竟是他的母亲呀，是生育他的人啊，他责无旁贷。于是在一则笔记中，他记录了卡泰丽娜的消息：卡泰丽娜于 1493 年 7 月 16 日抵达。

第二年的六月，他的笔记中再一次出现了母亲的名字。这一次跟经济有关，他写到自己给了卡泰丽娜钱，数目也记录得准确。

然而，这位不幸的母亲在米兰并没有生活多久就去世了，死因是疟疾。随后，列奥纳多在有关母亲去世这件事上，写了一笔关于卡泰丽娜葬礼的开销记录。他还在"去世"一词上犹豫过，然后划掉这个用词，选择了更为客观也更为冷静的"葬礼"一词。

全部记录如下：

卡泰丽娜葬礼账单：

3 磅蜡烛	27 索尔多
棺材	8 索尔多
棺罩	12 索尔多
搬运和安放十字架	4 索尔多

抬棺人	8 索尔多
4 名牧师和 4 名神职人员	20 索尔多
丧钟、书、海绵	2 索尔多
掘墓人	16 索尔多
主持牧师	8 索尔多
许可证	1 索尔多
（共计花费 106 索尔多）	
之前花费	
医生	5 索尔多
糖和蜡烛	12 索尔多

共计 123 索尔多

单独看这份记录，会不会令人觉得列奥纳多在冷静客观之余，表现得太过小气和冷漠了？他丝毫没有提及母亲去世时自己的心情如何，他心心念念的竟然是一份详细的开销。这一点无论如何显得很难讲通，即便有艺术史家认为他写下这样详细的记录是为了以备留存后世（查询之意），一般人还是难以认同。

毕竟是母亲。

然而，这又是一个对他没有什么养育之恩的母亲。如果人们设身处地地为列奥纳多想一想，似乎就对他多一分理解和怜悯而非苛责了。

■ 重返佛罗伦萨

米兰公爵卢多维科绝不是一个好的艺术赞助人。虽然列奥纳多生逢其时，但他一生都在寻找一位真正懂得他的价值并珍惜和尊重他的赞助人。那时还没有今天这样自由竞争的艺术品市场，艺术家的存活不得不依附于一些权贵们，因为唯有他们才有能力预定、购买昂贵的艺术品。

当然从某种角度来说，也唯有权贵们、富有的商人们，才有余力提升自己的艺术品位，并用艺术装点自己的门面。这种环境决定了艺术家的地位和处境。列奥纳多在斯福尔扎的宫殿里备受欢迎和尊重，他的事业在米兰走上巅峰。然而即便天才如他，也不得不面对一地鸡毛的现实生活，直至此时，他真正的赞助人还没有出现。

他和卢多维科之间开始出现了不太和谐的声音。

这种不和谐的声音来自多处，身份位置的不同导致一些意见无法统一。比如，原本列奥纳多准备为卢多维科家族铸造铜马，这是他野心勃勃的一个雕塑尝试。然而在他完成《最后的晚餐》后，他动荡不安的人生也开始了。面对法国的压力，卢多维科不再能如过去那样，他焦虑不安，为了自己家族对米兰的统治，他要巩固军事力量和军事工程。因此，列奥纳多铸造铜马的材料被他用来制造大炮。

项目被终止，卢多维科也没有精力和兴趣继续在雕塑或其他大型艺术项目上投资。列奥纳多这样的首席艺术家，开始沦为室内设计师，或为卢多维科的情妇画点肖像。让他以此谋生，他自然是不情不愿的。他做室内设计原本就是牛刀小试的事情，然而他非但要做这件事，还要因价钱和别人斤斤计较。这种小事令他非常不满，这就好比让莫扎特这样伟大的作曲家去做家庭教师，教孩子钢琴却还要因课时费用和家长讨论个没完没了。

"因为生计的压力，我不得不放下手头的重要工作，去做琐碎的事，无法继续阁下您委托给我的任务了。这让我十分恼火。"他如此给卢多维科写道。此外，他还抱怨过卢多维科欠了他两年薪水没有发放。

他向公爵发难：莫非您因为公务繁忙忘了这等小事？

一切都未完，列奥纳多还因为天轴厅的设计和斯福尔扎宫殿产生了新的纠纷。由于列奥纳多热爱沉思而行动迟缓的个性，或许还有其他一些我们这些后人所不能了解的因素，这些累积起来导致项目最终难以完成。

这对列奥纳多的声誉产生了不好的影响，他的人生再一次陷入低谷，正如多年前在佛罗伦萨陷入的丑闻一般。但那时他还年轻，更多的威胁来自失去自由。而现在他年岁已长，他面临的危险来自失去客户、失去生活来源，以及断送艺术生涯的可能。

他感到焦虑不安，他开始四处求职。此时的他，求职信写得不再如初到米兰时那样满怀自信和期待。尽管他依然在夸耀自己的才能，规劝"甲方"："睁大你们的眼睛看看，不要花钱买耻辱。"言下之意，他们的工作要求唯有来自佛罗伦萨的大师列奥纳多能够满足。

正在卢多维科焦虑不安时，意料不到——其实也是意料之中的事发生了，令卢多维科一直忧心忡忡的法国人终于来了。大军压境，卢多维科自知不敌，逃离了斯福尔扎宫殿，法国人成为这座城市新的统治者。

战争爆发的时候，列奥纳多把自己所有的钱，分别放到几处，他担心被法军洗劫一空。他的担心不无道理，战争仅仅开始一个月，卢多维科就仓皇而逃，法国国王顺利地进驻米兰。很多地方遭到破坏和洗劫，列奥纳多的工作室幸免于难。

他在当时绝对想不到，他的未来将和法国捆绑在一起，并得到法国国王的赞助和尊敬。他一生中最重要的也是最后的赞助人马上就要来了。他就是法国国王——但还不是眼下这位，但这位对列奥纳多的尊敬至关重要。他对列奥纳多的赞赏和热爱超越以往任何一位赞助人。他甫一抵达就立刻去看了列奥纳多的名作《最后的晚餐》，因为实在喜爱，他甚至动了想把它带回法国的念头。后来终于因为那是一堵墙，无法移动而作罢。

因为列奥纳多不是政治人物，所以他在法国人占领米兰的日子里并未逃跑。尽管他决心重回一趟故乡佛罗伦萨，但那是一项从容的计划，并获得法国的允许。他甚至和新来的法国总督签订一项秘密协议，协议内容是有关他协助法国人在那不勒斯巡视军事防御工程。他也和法国来的艺术家一起工作，研究绘画技巧问题。

他的种种作为，在我们今天看来是难以理解的，几乎有"不忠"的嫌疑。然而有必要说明的是，当时的意大利并非今日意大利，它不是一个统一的民族国家。那时的欧洲四分五裂，许多所谓国家只不过是个小公国，这一点类似中国的春秋战国时期，艺术家们没有必要忠诚于某位领主。至于现在人们普遍认知上的意大利，那是几个世纪以后才形成的。

正当列奥纳多和法国人愉快地工作的时候，他听说卢多维科要杀回来了。这对列奥纳多影响着实不小，他决心启程回佛罗伦萨。多年前，他来的时候还是个三十岁的青年艺术家，踌躇满志。

如今他返回故里，他名满天下，但身心俱疲。

■ 无法完成的委托

云想衣裳花想容，没有不爱美的人。尤其女人，尤其有钱有权的女人，米兰公爵妻子的姐姐就是这样一位女性。

她出身高贵，来自费拉拉公爵家庭，这是意大利最为古老而尊贵的家庭之一。她在很小的时候就和曼图亚的侯爵订了婚，她成年后的婚礼大为轰动，她带着昂贵的嫁妆——两万五千达克特金币，和她蛮横任性又想要有所作为的野心，一起嫁到了曼图亚。

她从小接受了良好的古典教育，精通拉丁文、希腊文，还学习过历史、音乐等文化历史课程。她也算生逢其时，她的丈夫与她性格互补，是个软弱无能的男人，这为她统治曼图亚地区带来了利好消息。

在这个男人被抓到威尼斯作为人质的几年里，她开始取代他，成为摄政王。作为一位女性统治者，她在热衷于艺术赞助和艺术收藏之余，特别想要一幅自己理想的肖像画。她的身边也环绕着一群艺术家，有为她画肖像的画家，还有写诗赞美她的人。曼图亚的一位画家在"忠实"地画了她的肖像以后，得到的反馈是把她画得太胖了。这并不像她。这真是令人啼笑皆非的一件事。

伊莎贝拉身材丰腴，可是她并不想画家忠实再现，但是出于她尊贵的地位以及女性的矜持，她又不好开口明说。这就苦了画家了，他们所画的肖像，她没有满意过。她一直苦苦寻觅一位能够画出令她满意画作的画家，好在她没有随意杀掉那些艺术家。

伊莎贝拉之所以如此在意自己的肖像，就在于她对自己公众形象的在意。她位高权重，在她看来，她的肖像全意大利人都会看到——也许她还想到了后世的我们会一睹她的芳容，那么一张像样的画作的意义就不是简单的炫耀了。

她周围的画家一而再再而三地令她失望。最后她在无奈之下，想到娘家有一位服务于费拉拉公爵家族的艺术家，于是请他为自己画了新的画像。然而她依旧对这幅作品不满，不满的原因还是觉得不像自己——显得胖了。最为有趣的事情是她将这幅肖像寄给卢多维科，请他评价自己肖像画如何。卢多维科可以算得上很直率了，他直言不讳地告诉她，这张画很像她本人，可以想象她听了有多气闷。

直到后来，她听说卢多维科的一位情妇塞西莉亚，也就是《抱银鼠的女子》主人，有一幅精美的肖像画。她主动写信给塞西莉亚，请求她将画像送给她欣赏一下，并承诺自己保证会归还。

塞西莉亚大方地将画像送给她，还谦虚地说——这幅画不像她本人，比本人更优雅好看，画的是她更为年轻时候的样子。她这一谦虚不要紧，这不正说出了伊莎贝拉心里想要的效果吗？

果然，等到塞西莉亚的画作一到，她感到十二分满意。于是在列奥纳多从米兰回佛罗伦萨的路上，她就在等着这位艺术大师了。她要用自己的财富与地位，让这位大师为自己绘制一幅精美无比的画作。

就这样，在曼图亚，列奥纳多遇到了伊莎贝拉。

伊莎贝拉对他抱以厚望。

列奥纳多也不负她所托，为她绘制了一幅粉笔肖像画。这幅画令她十分满意，她更加期待他能够再绘制一幅像模像样的肖像画。列奥纳多将那幅画留在了曼图亚，自己又复制了一份，随身带着，一直带到了佛罗伦萨。

大约这一幅画实在优雅美丽，伊莎贝拉的丈夫，也就是曼图亚的侯爵将它送给别人了。因此她迫不及待地期望列奥纳多能够再画一幅。

但是，他没有。

他那漫不经心的拖延症和精力四散的特点，以及个性深处的骄傲，都不允许他接受这样一份委托。尽管伊莎贝拉看起来是个不错的艺术赞助人，她慷慨大方，又对他十分满意。这个我们要从现在珍藏在卢浮宫里的那幅伊莎贝拉肖像说起，也许我们就能明白他为什么不愿意重新绘制了。

这是一幅侧身像，和我们经常见到的王室成员肖像十分近似。画中的伊莎贝拉庄重优雅，她身着优雅的服装，双手姿态如蒙娜丽莎。她丰腴的身材正好被宽大的袍子遮蔽，这是列奥纳多的高明之处，他深谙人心的秘密。

因为是侧脸，我们看到的伊莎贝拉完全感受不到任何和胖相关的特征。但也正是因为侧脸的缘故，我们只能看见轮廓，却无法与她的目光对视，我们看不见这个人物的内心世界。而将肖像画突破传统，让人物和观者"言说"，这正是列奥纳多所追求的。我们只需要回忆一下，不论是《抱银鼠的女子》还是《蒙娜丽莎的微笑》，甚至早先的《吉内薇拉》等等，无一不是如此。他们和我们目光对视，他们和我们面对面地交流，我们似乎能从他们复杂多变的表情中读出他们的内心故事。

但是伊莎贝拉显然不是如此，她是传统肖像画的拥护者。她期待列奥纳多带给她的只是一幅能够展现她地位和美貌的画作而已，而非艺术品。这就和列奥纳多的追求背道而驰了。这也从侧面解释了他们后来之间的"围追堵截"，为什么列奥纳多丝毫不为她的权势和金钱所动。

夹在他们中间的还有一位可怜的修士。他充当两个人的传话筒，既要催促列奥纳多工作，不能惹恼他，还要禀告给伊莎贝拉。伊莎贝拉问起列奥纳多的工作进展时，他既要如实禀报，又要想出让双方不那么难堪的理由。

列奥纳多的拖延症令任何一位好脾气的雇主都感到抓狂，何况伊莎贝拉的脾气可不好。她给这位名叫彼得罗的修士去信说："你要是在佛罗伦萨碰见列奥纳多，拜托你能告诉我他究竟在干什么。他是否已经开始了工作，任何创作都行。"读来真是令人忍俊不禁。

彼得罗也很为难呀，因为他在给伊莎贝拉的回信中说列奥纳多是个毫无准性的人，今天完全无法预料明天的人，你永远不知道他的下一步计划是什么。他无所事事地沉思，他的生活满是变数。只有少数的时刻，当他的学生们在绘画，他会添上一两笔，如此而已。

这样的状态自然让伊莎贝拉着急，他究竟打算什么时候才能继续绘制她的肖像呢？她不断地去信催促。彼得罗实在没办法了，就说列奥纳多沉迷于几何学，对绘画毫无兴趣。可是伊莎贝拉是个意志坚定的人，她当然不甘心如此。

再到后面，彼得罗只好"夸大其词"，故意抬出法国国王来。他去信告诉伊莎贝拉，列奥纳多事务繁忙，主要是他要为法国国王服务。相信他只要忙完了手头的事情，就会为您绘制画作了。这当然是为了安慰伊莎贝拉，也是为了让双方不至于太尴尬。但是，没有用。

他所能了解到的列奥纳多现状，其实是画家根本就无心为伊莎贝拉画画，哪怕任何一幅作品。不论对方出价多高，他也不为所动。从这里我们也能看到列奥纳多的性格，他从不追求财富上的富足，只要能够维持基本的体面生活就够了。剩余时间和精力，他只肯用在令自己着迷的科学实验和观察上。

这世上的人，尤其是有权势有财富的人，他们总以为这两样东西足以使人屈从，甚至都谈不上屈从，更多的时候是别人主动去逢迎。毫无疑问，这是世道常情。但很遗憾，总有那么一小部分人属于例外，列奥纳多就是这一小部分人中的一个。

最后，实在没办法了，伊莎贝拉给列奥纳多去了一封信，请求他，如果他实在不愿意画她的肖像，那么能否画一个少年基督像作为替代？然而列奥纳多连信都没有回。

伊莎贝拉决定自己亲自去一趟佛罗伦萨，敦促他绘画。然而她到佛罗伦萨的时候，列奥纳多却去了乡下，进行他的鸟类飞行研究去了。

她没能如愿以偿地见到画家本人，却见到了他的"假"舅舅。这个人是他父亲的小舅子，也就是列奥纳多继母的兄弟。他大言不惭地对伊莎贝拉许诺，一定会用自己的影响力对列奥纳多进行施压，保证让画家尽快开展工作，画出令她满意的人物来。

这一切不过是痴人说梦。

列奥纳多既然能够不顾伊莎贝拉的施压，甚至在早些年能够不顾卢多维科方面的压力，自然也就不会在意这位自告奋勇想要攀附伊莎贝拉的人。

事实上，他们对列奥纳多以及他这样的艺术家始终缺乏理解和尊重。他们并不懂得自己手中的权力和财富，不是一定就能买到他的艺术品的。他的傲慢和清高，从某种意义上来说倒是成就了他，使他心无旁骛地研究，沉浸在自己的想象中，创作出更多更好的艺术品。

他不是服务于权力和金钱，而是服务于自己非凡的想象力和无法遏制的热情。

■ 世上最完美的草图

2012 年，法国卢浮宫举办了一次小型展览，将修复好的列奥纳多作品《圣母子与圣安妮》展出，并声称这是画家的"终极杰作"。究竟是怎样的画能被卢浮宫称为终极杰作呢？就在卢浮宫里，他们还藏有镇馆之宝《蒙娜丽莎的微笑》，以及列奥纳多的《岩间圣母》等作品。

但是这并非是卢浮宫的夸耀，任何人只要看上一眼《圣母子与圣安妮》，心中就会忍不住赞叹，从某种意义上来说卢浮宫的说法名副其实。这幅画在难度和完成度上，一度媲美《蒙娜丽莎的微笑》。

不过这幅画并不是"孤品"，就在英国伦敦还藏有列奥纳多的一张草图，被称为伯林顿府草图。甚至还有曼图亚夫人伊莎贝拉在催问的时候，她的那位中间人所描述过的一幅草图。

"自从到了佛罗伦萨，列奥纳多只画了一幅素描，一幅大约一岁的幼儿基督的草图。在草图里，他几乎要挣脱圣母的怀抱，去抓一只羔羊。而他的母亲圣母玛利亚见状，正从圣安妮的膝盖上起身，想要抱住他，阻止他靠近那只羊羔。因为羊羔是受难的命运……"这段话来自彼得罗给伊莎贝拉的信件。这就是我们今天看到的卢浮宫那幅画的样子。

这幅画原本是列奥纳多应佛罗伦萨一处教堂请求绘制的祭坛画，当然如列奥纳多的其他作品一样，直到最后，他也没有交付。他随身携带，然后什么时候想起了，仿佛被灵感击中，他再添上一两笔。他喜欢这样悠闲不受约束的绘画方式，他几乎无法忍受高强度的创作。

列奥纳多只要接到委托任务，他的拖延症也就立刻来了。

米开朗琪罗的学生瓦萨里在几十年后为列奥纳多写传记的时候，曾经写过他是如何让人们等了又等就是不动笔的样子。也曾说过列奥纳多草图完成时，佛罗伦萨的大街小巷几乎沸腾了。人们排着队，竞相来一睹草图的真容。从他这些不无夸张的描述中，我们能够看出列奥纳多的声望以及他的受欢迎程度。

其实，看过列奥纳多创作草图的人并非只有彼得罗一人，还有马基雅维利的秘书、列奥纳多的朋友威斯普奇。根据一位受人尊敬的艺术史家的描述，威斯普奇在阅读古罗马哲学家西塞罗的著作时，在这样一段话旁边写了个旁注。

西塞罗谈论画家阿佩莱斯时说道：他用最为精美的手法描绘了维纳斯的头部和上半身，却对她身体的其余部分未曾如此精心雕琢。

在这里，威斯普奇写道：列奥纳多对待所有的作品也莫不如此。比如丽莎·德尔·焦孔多的头部和圣母的母亲圣安妮。

我们回过头去看英国所珍藏的那幅草图，不得不感慨威斯普奇所说的情况完全属实。那是一幅世间最为完美的草图，人物的动作和表情，绝对胜过卢浮宫的那幅成品。但是两幅画有不少不同：

首先是卢浮宫里的那幅画里有羔羊，伦敦版本里没有，取而代之的是列奥纳多所钟爱的圣约翰。

其次是人物姿势动作的不同。卢浮宫的那幅画里圣母玛利亚坐在圣安妮的膝盖上，伦敦版本里的她们则是相互依偎着，紧密地靠在一起，但是动作是并排坐着。

我们先来看伦敦的版本，并以此印证马基雅维利的秘书所言不虚。这幅草图的取材并不新鲜，还是圣经内容。他所描绘的是圣家族故事，某个故事性的瞬间。

如果是不知道这幅画名字的人，他将会在第一时间得出这样的结论——这是一对姐妹和她们的孩子。这样，这幅画就有了两位青年母亲形象。有人认为这大概和列奥纳多本身的经历有关，毕竟他也是有两位母亲的人。他从创作圣家族的画作中，投射了自己的心理需求——他是一位受到两个母亲宠爱的孩子，至少他曾这样希望过。

在伯林顿府的草图中，圣安妮嘴角带着神秘的微笑，目光如同列奥纳多早年的《岩间圣母》中的卷发天使，甚至圣安妮在这里也和那位天使一样，伸出了神秘的手指，指向天，指向虚空和无限。

在列奥纳多的一幅《岩间圣母》的草稿习作中，我们能够看到那草图中人物的模样几乎和圣安妮如出一辙。这里显示的不是画家的懒惰，而是画家某种审美偏好的一致性。

坐在圣安妮身旁的圣母玛利亚，她的目光慈爱温柔，完全沉浸在幼年基督的身上，她体态丰腴而美好。横卧在两个人膝盖上的耶稣伸出两根手指，他的对面是凝望他的圣约翰，一切都那么美好静谧而和谐。

可是，我们再往下看，就能看到那粗略的脚部形象。圣母玛利亚的脚，我们几乎只能分出大脚趾和其他部分。圣安妮的一只脚更是简化到极致，只有一个蹼状物，人们简直可以想象画家画到这里的时候，几乎毫无耐心，只是随手勾勒一下，表示是个脚就算完事了。并且，此后他也没有继续完成。

这种"虎头蛇尾"的风格，确实如威斯普奇所言。

但这依然是世间最完美的草图，美到令人心悸。在这样一幅草图里，列奥纳多发挥了他的毕生所学。人体的比例和动作姿势的协调，人物神秘莫测的表情，衣褶的层次感和明暗度，人物身上的光影……无一不是他所倾心研究的绘画技巧。

让我们再次回到卢浮宫的那幅"终极杰作"。

这是当之无愧的杰作，列奥纳多在这里放弃了他一直偏爱的圣约翰，选择了让幼年基督和一只象征他受难命运的羔羊玩耍。我们无从得知他的真实想法，究竟是出于怎样的思考，放弃圣约翰，而用羔羊取而代之。

或许，此时的他年岁渐长，对人世的命运已经有了比早年更加深刻的体悟，因此他决心用一只羔羊来暗示基督的命运。这幅画的中心人物偏向圣母玛利亚，她那色彩艳丽的服装，轻盈薄透的衣服，以及她起身去抱幼儿基督的动作，都让她成为画面的焦点人物。人们很难不注意到她，几乎是第一眼就被她的动作所吸引。她身后的圣安妮同样目光慈爱地望着她——这形成两组相互关爱的人物关系，恰好都是母女（子）。列奥纳多在处理圣安妮的年龄感上，用了较为深色的衣服，以及头饰，还有她比起圣母玛利亚显得略微清瘦的身体和暗色的肌肤。

这些毫无疑问都增加了她的年龄感。

画家将幼年基督画得十分可爱真实，他一双胖嘟嘟的小手，正抓住羔羊，身体骑在羔羊身上，似乎他和羔羊的游戏很愉快。但是他的母亲过来抱住他，他就扭动自己的头，回头望着圣母玛利亚，他的动作和表情与母亲玛利亚形成互动。

除人物之外，这幅画的杰出还在于风景的真实可靠，甚至山峦与岩石都符合列奥纳多对地质学的研究成果，无一处不是他的"科学"精神成果的展示。

最为出色的要数远处的天空、山峦、河流，这三者的界限模糊，符合列奥纳多所说的暧昧状态，并且由远及近地表现了形态和线条的区别。至于色彩，更是美轮美奂。深深浅浅的蓝色，在天与山峰之间出现了浅浅的白色，一种过渡色，介于白色和湖蓝色之间的色彩。

围绕着山峦流淌的河流，那精致的色彩，使我们很容易想起《岩间圣母》，甚至早年他和老师韦罗基奥合作的《基督受洗图》中的河流。它们充满灵性，仿佛来自神的恩赐，如血脉穿行在大地之上，灌溉万物的同时也饲养人类。

这是出色的晕涂法，列奥纳多的拿手绝活。

卢浮宫的画作确实是大师之作，神来之笔。然而它并非十全十美，正如伦敦那幅"完美"草图一样。任何人只需要再仔细看一眼，就会感到丰腴的圣母端坐在消瘦的圣安妮的身上，这种动作的安排欠妥，它让整幅作品看起来不够完美。而清瘦的圣安妮单只胳膊撑着——又或许她只是抬起来，作为自然而然的动作。但是向来追求"现实主义"手法的列奥纳多，我们不知道他为何安排圣母坐在圣安妮的腿上。

身为一个丰腴的成年人，我们可以设想一下，我们坐在母亲的腿上，她也会吃不消的。这组人物动作安排可以说是失败的，这一点只需要将它和伦敦的版本两相对照就明白了。

伦敦的草图只是并排坐着，然而亲密与慈爱尽显。在这方面是完胜卢浮宫版本的，要不是它那粗略和粗糙的下半身，几乎就是神品。

然而正如断臂的维纳斯一样，列奥纳多的诸多作品都显示了这种倾向性。至于这幅作品，正如当年的《博士来拜》一样，他也是半途而废，留个烂摊子，最后让别的画家来接替他。

他习惯拖延却又喜欢追求完美，在完美主义的同时，他又是个精力分散的人，他为多项科学实验和多个研究领域的问题所迷醉。这就决定了他喜欢同时搞多个项目，但多数都以兴致勃勃开始，最后又因为别的项目的介入或新的领域引起他的关注而转移注意力结束。

这种个性只能说有利有弊，好处自然是兴趣广博带来的博学和各学科之间的渗透影响，坏处也正如我们所见，一切都是未完成。

未完成，是列奥纳多的常态。

已完成，才是这位大师的例外。

■ 丽达与天鹅

《丽达与天鹅》是常见的古希腊神话题材，许多艺术家都创作过同题作品。其中不仅有画家，也有诗人。列奥纳多也画过这一题材的画，遗憾的是他留下来的只是一幅草图，真迹消失不见了。

有关列奥纳多身上的谜团，随着一代代学者研究的深入，变得越来越少，尤其是借助现代科技手段，让多种谜团的解释更有说服力。这些谜团主要包括他的作品的真伪和创作年限等。文艺复兴时期的画家，多数人还没有署名的习惯。这和当时画家的地位有关，人们对自己的创作成果还没有特别珍视，他们还处于从手工艺人到艺术家的身份转变过程中。另外还有一个因素便是当时的作坊工作形式，多数作品是大家集体创作而成。

列奥纳多虽然有随身携带笔记本方便记录他的观察与心得的习惯，然而他从不记录自己在创作什么作品，以及它们的进度和去向，这就为后世破解谜团增添了难度。

《丽达与天鹅》就属于这种情况，这是列奥纳多唯一一幅描述古希腊神话的作品。但是鉴于原作已经遗失，我们只能从他自己的草图和他的学生梅尔奇的临摹本里管中窥豹。

丽达是一位美人，一位国王的妻子。勇猛风流的天神宙斯垂涎她的美色，化身天鹅，在她洗澡的湖边与她相遇。这才有了后面的故事，他们一起生了四个孩子，分别是让特洛伊陷落的绝世美人海伦、克吕泰涅斯特拉，以及卡斯托尔和波吕克斯。在这则神话故事中，宙斯代表的是男性的暴力，以及一种摧毁性的力量，而丽达只是一位毫无反抗之力的女人。

我们可以先看一下他的草图。在一小片丰茂的草丛间，丰满的丽达半蹲着，她有结实的乳房和健壮的腰肢——这是成熟女性，甚至可以说是一位年轻母亲所特有的身体特征。在她的身边是同样蹲着的天鹅（宙斯），她的头扭转过来，目光深情而专注地注视着他。她的一只手充满爱意地爱抚他，另一只手却指向他们的杰作——四个刚破壳而出的孩子，仿佛在说，瞧，我们的孩子多么美啊。

在列奥纳多的这幅草图里，我们看到的是和睦美好的家庭关系，但这似乎不是他着意表达的。他更愿意强调的是他们的作品，也就是代表繁衍的四个孩子，这种一代一代传承的能力。

生育与传承才是他想表达的主要内容。

在他的弟子梅尔奇的临摹作品中，我们看到的是大同小异的表达。不过在这幅画中，列奥纳多改变了最初的想法，也就是不再让丽达与天鹅半蹲着，而是让他们站了起来。这样的姿势更加优雅动人，富有美感。因为是临摹作品，我们完全有理由相信这是列奥纳多的布局情况。

这是他所绘制的唯一一幅女性全裸作品，丽达看起来结实健康，双臂自然而然地环绕着身边的天鹅，这是爱的瞬间。天鹅的喙朝向她的肩颈，迷醉又满足。它的两翼张开，一只翅膀护住丽达的腰部与臀部，这个动作显示了既是爱抚又是保护的欲望，在他们的脚边是四个刚刚破壳出生的婴儿。周围风景宜人，一派和谐美好的景象。

我们或许不太理解列奥纳多为何这样处理《丽达与天鹅》，毕竟他的画作主要展现的是爱与繁衍的主题。而他的家庭生活算不上幸福，至于生育后代，他更是无从谈起。绘制这幅作品的时候，列奥纳多已经是个年过半百的老人了。在那个年代，我们必须承认这个年龄的人属于老人了。

他大约倍感孤寂，没有后代，没有家庭的温馨氛围。于是他在自己的作品中表达了自己内心深处的渴望，他渴望爱，渴望有属于自己的后代。

也就是在这一时期，他收养了这个名叫梅尔奇的学生，作为自己的养子和继承人。这幅画，我们完全可以看作是一位老人的另类自白，他那时所思所想乃是一种和平温馨的家庭生活。爱、繁衍，这是他的主题。

第十四章

危险的赞助人

■ 意大利军阀

卢多维科绝不是什么善人，他是一个危险的赞助人。列奥纳多在他的宫殿里，绝比不上波提切利在洛伦佐那里自由，卢多维科也不像美第奇家族的人一样对艺术家慷慨大度。

他在满足个人欲望方面从不吝啬，甚至可以称得上是奢靡。他重修王宫就花去十几万达克特，他为自己的马匹、猎犬之类也花费一万多达克特。但是他对服务于自己的艺术家和学者就不那么慷慨了，简直可以说是吝啬。比如，伟大的建筑家布拉曼特，列奥纳多的朋友，卢多维科只给他每年62达克特，竟然还不如一只猎犬！

然而比起列奥纳多后来的赞助人——在卢多维科和法国国王之间的短暂过度者，卢多维科又算是一位仁慈的君主了。

卢多维科的后继者可以说是一位集残暴、血腥、背信弃义、狡诈、优雅、英俊于一身的矛盾体。这个人就是意大利军阀切萨雷·波吉亚，他是教皇亚历山大六世的私生子。这位教皇有十位私生子——那是他和多名情妇的杰作，他将波吉亚的私生子身份合法化，这样波吉亚就可以承担教职。亚历山大六世是首位公开承认自己有私生子的教皇。文艺复兴时期的一些教皇实在是难以承担如此重要的圣职，他们无恶不作，骄奢淫逸。这其中也包括美第奇家族出来的两位兄弟，他们奢靡无比，一颗心从未靠近过上帝，也未靠近过信众。

作为亚历山大六世的儿子，波吉亚荒唐而大胆。

然而这位教皇大概想不到的是，波吉亚对履行圣职毫无兴趣，他成为了历史上第一个主动请辞的主教。他野心勃勃又毫无底线，一切人类的美好感情和美好想象在他那里都形同虚设。他让人刺杀了自己的兄弟，将他扔进了台伯河——台伯河见证的历史何其多啊，无数政治人物因斗争被残酷杀害。广阔的人间容纳不下他们的存在，唯有台伯河的河水多情宽厚，容纳他们最后的尸身。

波吉亚为了上位不择手段，他如愿以偿地成为军事统帅，并利用这个身份和法国国王结成联盟。因此在卢多维科仓皇而逃之后，波吉亚就成为列奥纳多的新赞助人。人们或许难以理解，列奥纳多这样一位优雅而体恤生命的艺术家，要知道他是素食主义者、动物保护主义者，为何会心甘情愿地跟随波吉亚——这个将杀人技艺视为游戏的嗜权如命的军阀呢？

答案并不难。

在进攻米兰的军队里，波吉亚是一位急先锋，他也曾和法国国王路易十二一起在感恩教堂看了列奥纳多的《最后的晚餐》。也许是因为法国国王对列奥纳多杰作的欣赏，也许是因为列奥纳多对自己多项实用工程技术能力的夸耀。总之，波吉亚立刻就决定聘请列奥纳多为自己的军事工程师，这让年近半百的列奥纳多有种实现毕生所学的欣慰。

我们都记得列奥纳多刚到米兰的时候，在给卢多维科的信中是如何夸耀自己的能力的，主要是多方面的实用技术能力，最后才勉强提一笔自己的绘画能力。这虽然有实用主义的考虑，但也不能说那封信完全违背他的意愿。事实上，他一直喜欢研究水流和地质环境，对成为一名实干家、一名军事工程师，心之向往。何况在彼得罗给伊莎贝拉的报告中，他已经被提及对提起画笔毫无兴趣，整天只是研究别的科学问题。

应当说，列奥纳多对自己多年来的夙愿得以实现是感到欣喜的，他对实现理想的欣喜超越了他对波吉亚个人恐怖主义的恐惧。当他重回佛罗伦萨以后，那里美第奇家族的统治已经岌岌可危了。美第奇家族是通过银行金融业崛起的，他们没有自己的军队。他们对艺术家和科学家的慷慨资助，除了政治因素之外，多少还有这个家族自身对艺术与科学的热爱和尊重。

这就为以后佛罗伦萨的命运，甚至这个家族的命运埋下了伏笔。在15世纪末，佛罗伦萨曾经出现过一个狂热的宗教徒，他带领信众反对美第奇家族奢华世俗的生活方式，以及这个家族带给佛罗伦萨的新奇生活。他的反对吸引不少人支持，加上其他有权势的家族对美第奇家族的仇恨，美第奇家族不得不仓皇出逃，兄弟俩沦落到东躲西藏的地步。

很快，美第奇家族又杀回佛罗伦萨，重新执掌这座美丽的城市。但是到了1501年后，当残暴的波吉亚在攻克了伊莫拉、法恩扎、佩萨罗等地后，佛罗伦萨再一次陷入虎狼环伺之中。

尤其这一次的对手是毫无原则、毫无诚信可言的波吉亚，他的暴虐和言而无信，早已令整个意大利闻风丧胆。

不出意外，空虚的佛罗伦萨向他俯首称臣。执政官的团队向他承诺每年支付给他三万六千弗罗林的保护费，还答应让波吉亚的军队随意通过佛罗伦萨的土地。

三万多弗罗林能为佛罗伦萨带来和平吗？

刚回到佛罗伦萨的列奥纳多又将面临怎样的抉择呢？

■ 双面马基雅维利

政治是妥协的艺术，政治是各方利益博弈的结果。通常来说，对待有原则讲信用的一方，政治谈判是有效的。但是对待波吉亚这样反复无常的人来说，任何谈判都没有保障。

三万多弗罗林的保护费，只不过保住了佛罗伦萨一年的安宁。第二年，波吉亚蠢蠢欲动，他大约看上了佛罗伦萨同时兼备空虚与富有，因此他撕毁承诺，让军队洗劫了周边地区，然后明目张胆地命令佛罗伦萨的执政官，让他们派出代表团来见他。

这种危机时刻，派谁去是无比重要的事情。佛罗伦萨方面推举了两个代表：一位以狡诈和诡计著称的主教，他名叫佛朗切斯科，是佛罗伦萨著名的反对派——反对美第奇家族的人物；另一位青年人，他就是大名鼎鼎的马基雅维利。

这位年轻人家境贫寒，他的父亲是一名律师，让他接受了良好的教育，然而后来他的家庭破产了。一心梦想着接近权力中枢的他，曾经是反对美第奇家族联盟阵线里的一员，仅仅是因为美第奇家族没有重用他。

后来美第奇家族卷土重来的时候，他又发挥自己的特长——写作，对这个家族成员极尽阿谀奉承之能事。由此可见，这是一位见风使舵、狡猾奸诈的青年，且野心勃勃。

佛罗伦萨的执政官团队缘何会派他这样一个年轻人充当"和平使者"呢？也许这也是一种谈判手段——对待残暴狡猾的人，正直的人毫无用处，只有用他的同类才能"制衡"。"以彼之道，还施彼身"，这样看来马基雅维利是个合适人选。事实上，当他后来对美第奇家族的献媚失败后，他不得不远走他乡，成为追随残暴军阀的作家。

马基雅维利在见过波吉亚之后，对他非但没有厌恶，反而大加赞赏，称赞他能够"神不知鬼不觉地进入别人的房子"，在别人听说波吉亚要动身去某地的时候，实际上他早已抵达了那里。

这是一位深谙权力游戏的青年人，他面对的对象更是个中好手。马基雅维利懂得人性的一切阴暗面，这一点只需读一读他的代表作《君主论》就知道了。当然，在《君主论》的开篇献词里，他声称自己这部拙作是献给伟大的洛伦佐·德·美第奇的。

在这本书中，他当然要提及这位残酷的军阀波吉亚。在第十七章

《残忍与仁慈：受爱戴和受恐惧，何者比较有利》中他如此写道：

"我相信每一个君主都希望人家说他仁慈，不会希望人家说他残忍。可是应该小心，不要误用仁慈。切萨雷·波吉亚被认为是出了名的残忍，他却为罗马涅带来了秩序和统一，并且恢复了当地的和平和忠诚。仔细斟酌这件事就会明白，他比佛罗伦萨的人民更仁慈——他们为了避免残忍的恶名，竟然允许皮斯托亚自取灭亡。

"所以说，只要残酷能能够维持臣民的团结和忠诚，君主不应该介意残酷的恶名。比起过度仁慈导致长期的失序状态进而引发凶杀和抢劫，因此整个社会全部受害，屈指可数的残暴事件显然仁慈多了……

"既然鱼与熊掌不可兼得，两害相权取其轻，自然是受畏惧比受爱戴有保障得多。我这么说是因为，世人大体而言是忘恩负义、反复无常、喜欢说大话、虚伪成性、避危趋安、贪得无厌……

"但是如果君主是跟他的军队在一起，而且指挥的士兵人数众多，那么他根本没必要在意背负残忍之名。"

瞧这一段话，简直是为波吉亚"开脱罪名"，波吉亚的残暴似乎也有了正当理由。而有关诚信这一点，在紧接着的下一章，他的笔墨几乎是为波吉亚这样的君主"洗地"。

"大家都知道，君主信守诺言而且为人正直不耍诈是多么值得称道的事。然而，环顾当今之世界，我们看到那些功成名就的君主，一个个不把守信当一回事，而且善于使用狡诈的手段愚弄世人，就这样征服讲究诚信的人……

"君主有必要善用两种天性，只得其一成不了气候。既然君主必定要懂得如何运用野兽的习性，他理当选择狐狸和狮子为效仿的对象。由于狮子无法躲避陷阱，而狐狸无法保护自己抵御豺狼，因此一定要像狐狸才能够辨别陷阱，而且一定要像狮子才能够惊吓豺狼。完全效法狮子习性的人不理解个中道理。因此一旦违反自己的利益或是当初承诺的理由消失时，明智的君主既不能也不应该信守诺言。如果每一个人都善良，这一句座右铭就不管用了。然而，就是因为人类天性邪恶，不会对你守信，同样的道理，你也没必要对他们守信。

"无数现代的例子可以证实，君主永远不会欠缺正当的理由粉饰自己背信弃义的行为……不过，最重要的是，一定要晓得如何漂漂亮亮地掩饰兽性，做个伟大的说谎人和伪君子……亚历山大六世什么事也不干，整天只想着骗人的勾当，而且总是找得到发挥所长的机会。不曾有人比他更擅长花言巧语、更敢于信誓旦旦，同时又喜欢食言而肥。他的伎俩总是随心所欲而无往不利，因为他洞悉人世的这一面。"

有如此可怕思想的马基雅维利，可想而知，他和波吉亚也算是"棋逢对手""惺惺相惜"。有一幅马基雅维利的肖像画，不知出于何人之手。上面的他面容消瘦，有着神秘莫测的微笑，看久了，仿佛你的所思所想全被他看了去，这简直是摄人心魄的微笑。

但他的杰作《君主论》被称为"政治学圣经"，一个狡猾的作家贡献了一本影响无数帝王的书。就这一点来说，他担得起他的墓志铭——颂词无以匹配如此盛名。

■ 暴君、作家、天才，奇特三角

也许是因为马基雅维利的推荐——作为和解谈判的筹码之一，也许是列奥纳多之前在米兰就和波吉亚有过约定，或者他的盛名与作品给波吉亚留下深刻印象，总之不管怎样，列奥纳多这位艺术天才要服务于这位残酷的君主了。

波吉亚虽然以残忍闻名于世，但是他当时还是"意大利最英俊的男子"。他拥有过人的美貌，即便是后来由于压力导致他的容颜备受摧残，列奥纳多素描里的他依旧能够看出当时的风采。

当时的波吉亚又使用他的奸诈诡计占领了乌尔比诺，乌尔比诺是文艺复兴三杰之一拉斐尔的故乡。列奥纳多在前往乌尔比诺之前，先去了波吉亚控制下的海边小城。列奥纳多在那里巡视军事堡垒，他又开始沉迷于水流的秘密，计划着设计一项水利工程。此外他一路考察了沿途风光，将地理环境铭记在心，景观、桥梁、河流、城镇，无一不在他的目光之内。他搜集各种有用信息，为将来的地图绘制做准备。

为了他能够在意大利区域通行无阻，波吉亚这位暴君给他签署过一份特别通行证，内容庞杂，涉及多项特权：

致所有看到此份文件的我们的副官、要塞司令、指挥官、雇佣兵、士兵和其他人等：本证件的持有人是我们家族最杰出、最受爱戴的朋友、总建筑师和工程师列奥纳多·达·芬奇，他接受我们的委托，巡查我们统辖的所有据点和要塞，并根据实际需要，对其进行维护，所有人须遵令执行。他将获准自由通行，免除一切公共税负，无论是对他，还是对他的随同人员，均照此办理，他应受到友好的接待，并随意进行测量和检查。为此，请向他提供所需的人力，准予他所需的协助，我们管辖下的所有工程师都有义务与其协商，并服从他的建议，这是我们的要求。任何人不得违反，否则将引起我们极大的不悦。

波吉亚之所以能够如此信赖列奥纳多，给他和他的团队这么大的自由度和权力。我想除了之前列奥纳多的名气影响外，尚有列奥纳多实际工作中解决问题能力的展示。比如列奥纳多的好友、那位数学家帕乔利就曾讲过列奥纳多帮助波吉亚军队搭桥的故事。有一天，波吉亚的军队行进到一条河边，却发现没有桥可以通过。河道旁什么材料都没有，除了一堆木料。列奥纳多的才华发挥了巨大作用，他在条件简陋的情况下，没有任何绳索和金属材料的情况下，仅仅靠着那堆木头，为波吉亚的军队搭建了一座牢固的桥，让军队安全地渡了河。

我们在列奥纳多的笔记本里也能看到，他绘制的自承重桥梁素描。其实那项技术对于我们中国人来说再熟悉不过，木质结构的建筑是我们中国人的强项，不用绳索和金属铆钉等加固，靠的就是榫卯结构。任何中国人只要看过列奥纳多的桥梁素描就会会心一笑。

有了波吉亚签署的护照，列奥纳多在他所掌控的地区畅通无阻。很快，他们又迁移到防御工事更加完备的伊莫拉地区。稍晚一些时候，那位善于逢迎的作家——马基雅维利也抵达了伊莫拉。

马基雅维利在给佛罗伦萨方面的情报中将列奥纳多称为另一个熟悉切萨雷秘密的人，并将他看作"朋友"，这起码证明他们相处得不错。一位嗜血无比的暴君，一位毫无是非观念的野心作家，一位优雅迷人的艺术天才，这样奇特的三角关系，任何人都无法想象，然而它却出现了。就在1503年的伊莫拉，三位巨头相聚在这个不知名的小镇里。

他们是如何度过那些个日日夜夜的，我们无法得知。但我们只需要发挥一下想象，就会不可抑止地想要发笑。

后来，波吉亚甚至令向来没有底线的马基雅维利也感到不安了。罗马涅地区作为波吉亚所征服控制的地方，它的首都被安排在了切塞纳。

波吉亚自己退守在较为安全的伊莫拉，他授权给一位名叫拉米洛的人进行独裁统治，对切塞纳及其周边地区进行恐怖统治。这一切都很符合马基雅维利的《君主论》的论调，比起受人爱戴来，做一个让人畏惧的君主更加安全可靠。

这位波吉亚的代理人不遗余力地执行他的恐怖政策，对民众进行屠杀恐吓，激起当地人强烈的仇恨情绪。波吉亚意识到不能再继续下去，于是这位诡诈的君主立刻使出了更为残忍虚伪的一招，他杀了代理人以平息民愤。他选择在圣诞节的次日，将拉米洛带到切塞纳的中央广场，将他杀死，然后将尸体留在广场示众。一切果然如马基雅维利在《君主论》里所说的一样，他有各种各样的理由来为自己洗脱罪名。他只需要声称拉米洛罪有应得就行了，是他的残暴行径惹怒了切塞纳的民众，这是拉米洛个人意愿，而非来自波吉亚的命令。

诚如马基雅维利所言，人们是很天真的。这样的方式十分有效，大众很快就相信了波吉亚的一套说辞。

但是熟悉波吉亚的人，比如马基雅维利本人，或者列奥纳多都感到极大地不安。他们各自沉浸在自己的工作中，以此来转移自己的注意力，列奥纳多还绘制了一幅集科学与艺术于一体的伊莫拉地图。

现在终于到了回答列奥纳多的选择问题了，他从不杀生，一个如此优雅的天才，缘何会和波吉亚这种军事强人一起工作了大半年？

列奥纳多终其一生都不是一个野心勃勃的人。他和马基雅维利不同，他对权力从未有过任何兴趣。他对政治也没有显示出一丝一毫的兴趣，但是他的每一步都和政治强人联系在一起，他甚至没有米开朗琪罗"公开叫板"美第奇家族的勇气和魄力。那么，究竟是为什么？

偏偏是这样一个个性的人总是和政治人物卷在一起。

我想，大概是因为他的个性才导致如此结果。列奥纳多所绘制的人物雌雄同体的特质，何尝不是他自己的心理反应呢？他童年时期父亲的缺席，成年后养成的偏于阴柔的个性，都使得他总是想要寻求某种强有力的保护。

这种保护没有来自现实生活中的伴侣，那么就要从他的艺术保护者——赞助人那里去寻求了。列奥纳多很容易为权力所吸引——或者说他很容易为拥有权力的强人所吸引。

他们的个性和列奥纳多正好互补，他渴望他们身上那种野性勃发的生命力。那种不可一世的嚣张态度，甚至残暴嗜血的手段，雷霆之怒，等等，这些都是他所没有的。

匮乏，引领我们寻觅伙伴；相近，为我们带来友谊。

第十五章

年轻的竞争者

■ 愤怒的米开朗琪罗

1500 年，当列奥纳多回到他出生的城市佛罗伦萨的时候，已经是个48 岁的中年人，渐入老境。但他依然举止优雅，穿着时尚，身旁常伴随一群崇拜他的门徒。

那时的他早已是闻名天下的艺术大师，但他没想到的是，自己刚回到故乡，就要面临来自后辈艺术家的不屑与挑衅。

这个人不是别人，而是日后和他一起被称为文艺复兴三杰的米开朗琪罗。世人想象天才之间应该是惺惺相惜的，然而对于列奥纳多和米开朗琪罗的关系，这只能算我们一厢情愿的美好愿望。

按照艺术史家瓦萨里的描述，米开朗琪罗对列奥纳多充满了鄙夷和不屑，这可以从他们的一次偶遇看出来。

某一天，列奥纳多和一位朋友经过佛罗伦萨中央广场的时候，见一群人正在讨论但丁，便停了下来。众人见博学多才的列奥纳多来了，便盛情邀请他参与讨论，向他请教其中一段文字的意思。就在这时，米开朗琪罗也来了。"要不，你来解释一下吧？"列奥纳多对他说。

就这样，文艺复兴历史上最杰出的两个天才相遇了。在此前，他们对对方早有耳闻。列奥纳多比米开朗琪罗年长 23 岁，因此当他人到中年的时候，米开朗琪罗正值青年。

当时的列奥纳多凭借多年来为米兰公爵的宫廷演出庆典设计服装的经验，早已是时尚先锋。他衣着华丽而讲究，尤其喜欢穿着玫瑰色的袍子。他不仅自己衣着华贵雍容，就连他身边的随从也是如此。

而米开朗琪罗的形象则完全相反，他总是穿着他那双破旧肮脏的狗皮鞋，很少洗澡，经常蓬头垢面，吃最简便的面包。他的模样与其说像个艺术家，不如说像个苦行僧，甚至是"乞丐"。他不修边幅，由于工作的缘故，他时常睡在自己的工作室里。他年轻力壮，暴躁易怒，整个人看起来像头愤怒的公牛。

这样截然相反的两个天才就这样照面了！在众目睽睽之下，面对列奥纳多说不清是友好的邀请还是不怀好意的试探，这头雄狮般的大师将如何应对呢？

众人在听到莱奥纳多的那一声招呼后，纷纷停了下来，扭头看向那位看起来一点也不令人喜欢的艺术家。米开朗琪罗一开口就叫人倒吸一口凉气，他不招人喜欢果然是有原因的。

这个敏感的青年艺术家，他感到列奥纳多来者不善。于是用冰冷的语气说道："不！要解释你自己去解释吧！"这样说了以后似乎还不解气，他还说："哦，你就是那个给米兰公爵造了个铜马造型，最后却无法收场，总是烂尾的人啊！"

真是哪壶不开提哪壶，这个青年人让列奥纳多在众人面前十分狼狈。整个意大利，谁不知道列奥纳多是个拖延大王呢。

他很少完成作品，总是进行了在完美的构思之后，立刻失去完成它们的动力。他永远是那个喜欢思考胜于行动的艺术家。

米开朗琪罗就这样，在刺痛列奥纳多之后，若无其事地走了。后来，他还不止一次地提到列奥纳多那个青铜骑士纪念碑的失败，他说："那些米兰人居然会相信你能完成，果然是些白痴！"

要说他是故意针对列奥纳多，那可就错怪他了。这个坏脾气的青年，他只要看不惯某个人，就会在言行上显示出来。他和列奥纳多简直像南北极一样差异巨大。

他爱憎分明，常常因为糟糕的脾气将身边的人得罪得一干二净。他曾因讽刺拉斐尔的老师佩鲁吉诺为"笨拙艺术家"，而被对方起诉诽谤，但是未果。

列奥纳多则不同，他是个充满魅力的人。他从小就是个美少年，成年后又以其出众的谈吐、渊博的学问、多才多艺的表现，吸引了从贵族到市民阶层的每个人。

大家看到他总是感到宁静优雅，赏心悦目。他很少和人起冲突，即便有利益纷争，他也尽可能表现得优雅得体。他从不动粗，在这方面，他的举止可真算得上是优雅的化身。

正如艺术史家瓦萨里对他的赞美那样：

上帝赋予人以最美妙的天资，而且是毫无限制地集美丽、妩媚、才能于一身。这样的人无论做什么事情，他的行为总值得人家的赞赏，人家觉得这是上帝在他灵魂中活动，他的艺术已不是人间的艺术了。

但米开朗琪罗不同。

有一次，他和另一位年轻的画家托里贾诺一起在佛罗伦萨的一座小教堂里作画，他因羞辱这位画家导致自己的鼻子被打歪了。对方后来回忆说："我攥紧我的拳头，朝他的鼻子上就是致命一击，我感到他的骨头就像饼干一样在我的关节下塌陷。"此后，米开朗琪罗更加丑陋了。

本来他就有点驼背，人又邋遢，脾气暴躁，现在又加上一条，歪鼻子——并且是永久性的。这样一个艺术家，面对列奥纳多那样迷人的人，心里难免会出现嫉妒和自卑心理。哪怕他是人人称颂的天才，也不得不面对来自人性的弱点的折磨。

而此时的列奥纳多，看起来是备受尊敬的艺术大师，但他也要面对新晋艺术家的挑战，并因自己年华的逝去而感到恐慌。而在当时的佛罗伦萨，他首先要应对的就是风头最劲的雕塑家米开朗琪罗的挑战。人对完全异于自己的人，很容易产生敌意，因为对方身上有自己完全不具备的特性。这种特性在毫无利益冲突的时候，会导致正面的互相吸引。在有竞争关系存在的时候，则很自然地会导向互相敌视。

很遗憾，历史没有留给这两位大师以善意的了解机会。他们自一见面就以剑拔弩张的态势出现，并且以后他们还将有不少过招的时候。

比如愤怒的雄狮米开朗琪罗在完成他那传世经典雕塑《大卫》的时候，佛罗伦萨曾为这个作品全裸的造型感到吃惊，在讨论《大卫》安放地点的时候，列奥纳多作为受邀评选的艺术家，他举足轻重的意见将在一定程度上决定《大卫》的命运。

这自然都是后话。

与此同时，他们共同接受了一项委托，为领主宫的佛罗伦萨议会大厅绘制大型战争壁画。借此机会，文艺复兴历史上两位最夺目的艺术天才将进行一次巅峰对决。

整个佛罗伦萨的市民拭目以待，谁都想看到他们一较高下。

有人赌优雅大师列奥纳多将胜出，有人赌充满力量的米开朗琪罗会赢得这场比赛。然而任谁也想不到的是，那个曾多次嘲讽列奥纳多"烂尾"的雕塑家，这一次也像被他"传染"了一样。

他们竟然双双"烂尾"了！

这究竟是怎么回事呢？那还得从他们接受的委托开始，从那幅构思中雄伟壮阔的《安吉亚里之战》说起……

■ 《安吉亚里之战》

战争是政治的激化。当政治谈判无法达成协议的时候，战争就会被提上议事日程。世上总有利益纷争，不论是人与人之间，还是城市与城市之间，公国与公国之间，这是永不休止的纷争。和平只是暂时的，是我们热爱和平的人的一厢情愿。

斗争却是永远存在的——当然，未必是以激烈的具有毁灭性质的战争形式来展现。很多艺术家都有表现战争题材的作品，就画家而言，我们首先想到的就是毕加索的代表作《格尔尼卡》，那几乎是一张反战宣言，是对战争的血泪控诉。

据说当年德国军人走进巴黎，见到《格尔尼卡》很是喜欢，便问毕加索："这是你的作品吗？"毕加索回答道："不，这是你的作品，你们的作品！"

同样是战争主题，列奥纳多会如何表现呢？愤怒的米开朗琪罗又将如何表达呢？他们二者之间曾有过一段轰动佛罗伦萨的明争暗斗，然而最终都不了了之，偃旗息鼓了。

在佛罗伦萨这座美丽城市的历史上，战争不少，获胜的次数却很稀少，其中安吉亚里就是那少数获胜的战争之一。这是发生在 15 世纪佛罗伦萨与米兰之间的战争。16 世纪初，佛罗伦萨正面临着各式各样的威胁。1503 年 10 月，领主宫，俗称旧宫的佛罗伦萨议会大厅想要绘制一幅战争题材的大型壁画。这在欧洲的政府中很常见，目的无非是展现当地人民的英勇机智，领导人的坚忍不拔和英雄主义，伦勃朗也曾接受过类似的委托。

列奥纳多接下这份委托，附近就是当年他心心念念的圣母百花大教堂，他曾经跟着韦罗基奥从那里开始研究力学与光学原理。他十分重视这个项目，为此还画了很多素描草稿。在他留下的笔记中，我们能见到很多战马的姿态，或前腿飞踏，或急速飞奔。战马多数都张开大口，动作迅猛，完全是行进中的战斗状态。

此外，他还画了战士们在战场上交战的动态，以及战士的头像。在一幅士兵素描中，愤怒的双眼，张开的嘴巴，紧缩的眉头，扭动的身体，将战场上血腥怒火等表现得十二分到位。

他甚至还写下了很多段笔记，将他的思考记录下来。"不止是人，连马也表现出同样的愤怒、狂暴和仇恨，有两匹马前腿相扣，它们用牙齿互相撕咬，其激烈程度丝毫不逊于它们的骑手。"被草图震撼到的艺术史家瓦萨里写道。

"尸体一定要沾满灰尘，尘土与尸体血流混合的地方应该变成深红色的泥浆。那些垂死之人牙关紧咬，眼球上翻，双拳捶打自己的身体，双腿扭曲。还有一些人的武器被夺走，或被敌人打倒，他们转向敌人，用牙齿和指甲恶狠狠地进行报复……一些伤残的士兵跌倒在地，用盾牌掩护自己，而敌人俯身打算给他们致命一击。"

不能留下一块未被鲜血浸染和践踏的土地，这是列奥纳多在构思这幅巨作时的所思所想。我们都知道列奥纳多的这个作品没有完成，并且留下的只是一些草稿和后世的临摹作品。我们只能从这些作品中窥见他当时的所思所想。

他原本可以好好绘制这幅巨作，让它成为自己继《最后的晚餐》后又一幅大型壁画。想要呈现如此宏大的场面，需要调动的情绪很多。在列奥纳多的素描里，我们随处可见对厮杀的激情——必须说，这对于向来温和的列奥纳多来说并不常见，至少表现出来的不是特别强烈，他不是米开朗琪罗那样的艺术家。

他克制优雅。

在后世的临摹作品里，我们当然首推艺术家鲁本斯的版本。

在那幅摹本里，我们能够清晰地看到雄健有力的马匹，被仇恨和怒火激动的战士们。他们有的骑在马匹上，手中握着杀敌的长矛，有的则险些惨遭战马的踩踏。战马的眼神也十分动人，像战士一样怒目圆睁，它们身上的肌肉凸出，和战士们的腿部肌腱一样强健有力。

单看这些人物形象，即便是鲁本斯的临摹版本，我们依然可以一眼认出这是列奥纳多的风格。那些张开大口怒吼的人们，几乎是他素描本上直接移过来的。至于一位青年倾斜着身体，藏身于战马之下，他那侧脸的神情和卷曲的头发，都是列奥纳多的最爱。我们在他别的素描作品中，包括油画作品中都能找到。

因为这是一幅尚未完成的作品，当年看过列奥纳多未完成稿的艺术史家瓦萨里，以他惯有的热情激烈地叙述他对列奥纳多这幅杰作的欣赏：

一个戴红帽子的老兵大声呼喊，他一手抓住旗杆，一手扬起弯刀，愤怒地向两个人的手砍去，这两个人在争斗中咬牙切齿，用尽猛力保护他们的旗帜。在马腿之间的地上，有两人扭打在一起，一人倒在地上，他身上的那人高高举起手臂，要全力将匕首刺入对方的喉咙，取其性命；地上的那人手脚乱动，挣扎求生。列奥纳多在士兵的服装上花样百出，难以尽述。它们形式各异，头盔上的羽冠和其他装饰亦是如此。更不用说他笔下的那些马了，形态、轮廓无不体现出难以置信的精湛技艺，列奥纳多描绘出了它们勇猛的精神、肌肉和优美的线条，在这方面无人能出其右。

一位一生吃素的艺术家，一个对动物始终怀有仁爱的人，在其作品中却表现出如此强烈的血腥气息，这多少令人不安。不知是列奥纳多复杂的个性使然，还是他跟随那位危险的波吉亚所耳闻目睹导致的呢？

我们从这些描述以及残留的素描和摹本中，至少丝毫看不见他一以贯之的和平友爱，只剩对仇恨厮杀的快意，或许这是一种心理补偿机制。

就像生性怯懦的人，如果他是一位作家的话，也许他愿意在作品里英雄一把，画家也同样如此。尽管这些存在着可能性，我们还是更愿意相信他之所以能画出如此"凶猛"的战争题材作品，在于人性的复杂，人天生的嗜血性。

仇恨如此容易控制我们每个人的大脑，让我们成为毫无感情、丧失理性的杀戮工具。这是我们应当时刻警惕的危险思想，正如好的战争影片其实是为了反战一样，那么一幅战争题材的杰作，也应该起到这样的作用。

哪怕微乎其微，聊胜于无。

■ 雕塑大师和绘画天才的较量

和列奥纳多不同，米开朗琪罗的一生画了大量的壁画，并且有许多卓越的雕塑作品。尽管列奥纳多也有《最后的晚餐》这样的壁画杰作，还有过一些不成功的雕塑尝试。但客观来说，两者相比，列奥纳多更应该被称为一名画家，米开朗琪罗更应该被称为雕塑家。

这也导致了他们在表达同一主题的时候，处理方式完全不同。

就在列奥纳多接受委托任务不久，他那幽灵般的年轻对手、来自美第奇家族的米开朗琪罗也接受了领主宫的委托任务，在同一个大厅里绘制另一幅大型壁画。(米开朗琪罗从小失怙，他是因艺术天才而被美第奇家族收养的，从小和这个尊贵的家族里的孩子们一起学习，可以算作这个家族的养子。)

这样无形之间，两位旷世天才的创作就变成了竞赛。不光他们自己会有这种心理，就连委托他们的人大约也是这样看的。甚至佛罗伦萨的市民们，也想在这两位大师之间选出他们心中的第一。

压力如晨间升腾的雾气在两位大师之间萦绕，每个人都感到对方对自己形成巨大的压迫，平时在一个大厅里工作，谁都会感到自己的背后有一双灼热的眼睛在盯着。即便不在工作的时候，在休息的间隙，在构思的瞬间，恐怕对方的身影也还会不由自主地窜到自己的脑子里。

对列奥纳多来说，他将面临的是一位青年艺术家的挑衅。他是那样杰出，那样富有激情，那样充满力量，且工作起来废寝忘食。最为致命的是，他的身上所拥有的——青春、力量、强烈的激情，恰是列奥纳多所欠缺的。这一点只需要对比一下二人的作品就可以看出来了，米开朗琪罗充满雄性阳刚之美，他的作品庄严圣洁，有一股凛然不可犯的气息。列奥纳多则不同，他的笔下，即便是男性也充满阴柔的女性气质，或者说雌雄难辨。

然而米开朗琪罗激烈的个性注定要让他备受折磨，这就使得他不得不压抑自己的冲动。他将这种冲动释放到自己的作品里，显示出更为雄健的美。这一点，看看那个著名的雕塑（大卫）就明白了。青春之美，阳刚之美，甚至带着英雄主义的、愤怒的、力量的美，这些都是他和列奥纳多所不同的地方。

他衣着普通，甚至到了寒酸的地步。他不像列奥纳多那样注重仪表，在衣服鞋子上消耗不少钱财。他如苦行僧一般生活，每天只吃最简单的少量食物。他的一双狗皮靴子，据说可以穿上去几个月不脱下来，他只沉醉于他的创作，往往一干就是一整天，甚至饭也忘记吃了。从专注程度来说，他比列奥纳多要好多了。

然而面对列奥纳多，米开朗琪罗所要承受的压力也许更大。他作为佛罗伦萨冉冉升起的艺术明星，如何应对来自前辈艺术大师的挑战呢？何况这位艺术大师处处与自己不同，他人缘好，形象好，举止优雅。他们二人都想在这个项目上胜过对方。列奥纳多希望自己还能展现出前辈艺术大师的风采，以作品征服佛罗伦萨的市民，让他们知道自己依然是佛罗伦萨乃至整个意大利地区最为杰出的大师。米开朗琪罗希望自己以初生牛犊不怕虎的勇猛精神，一举击败列奥纳多，完成自己在艺术大师之路上的一次巨大飞跃。

这是他们之间的战争，一场看不见硝烟的战争。这与他们所接受的战争题材委托作品，也算某种程度上的契合。人心就是最为残酷的战场，谁都想全身而退，但结果往往是你死我活，双方都有损伤。

双方在米开朗琪罗的杰作《大卫》安放的位置上，就已经产生过一次激烈冲突。大卫全裸的形象，雄健的体魄，凸出的肌肉，多少和列奥纳多的审美冲突。即便是在开放的佛罗伦萨，在文艺复兴的中心，保守的市民依然无法接受这样一尊雕塑。

人们担心雕像的安放会有伤风化，作为共和制的佛罗伦萨，当时还为此事召集了一批艺术家商讨。这其中既有列奥纳多，还有利皮、波提切利和佩鲁吉诺等人。

在讨论如何安放这尊颇有争议的雕像的问题上，米开朗琪罗自己是主张放到领主宫前面的广场上的，因为他越发意识到这个雄健有力、健康青春、洋溢着希望和英雄之美的雕塑，正像佛罗伦萨这座城市一样，他认为这是市民的象征。

但其他艺术家可不这么认为，他们更希望能将大卫放到广场一角的走廊里，理由是在那里雕塑不容易受到风雨的侵蚀。但是与此同时，这样的位置也就无法显示出大卫的重要性来。列奥纳多当然是支持放在走廊里。

在这场较量中，胜出的人是年轻的米开朗琪罗，大卫被如愿以偿地安放在领主宫的显眼位置。但不得不说的是后来发生在《大卫》身上的事，在佛罗伦萨波谲云诡的政治动荡中，在一场反对美第奇家族的动乱中，愤怒的人从楼上扔下一把椅子，不幸砸中大卫！

大卫的一条臂膀被砸断了！有个一直寻找美第奇家族保护的年轻人护住了这条断臂，他偷偷地运回去，直到美第奇家族卷土重来，重掌佛罗伦萨。这位年轻人知道米开朗琪罗和这个家族的密切关系，于是拿出那条断臂寻求支持，他的愿望实现了。这个人就是为列奥纳多作传的艺术史家瓦萨里、米开朗琪罗的学生，后来的佛罗伦萨美术学院创始人。

在两位大师较量这件事上，瓦萨里这样写道：画家中的翘楚列奥纳多·达·芬奇在大议会厅作画的时候，当时的正义旗手皮耶罗·索代里尼，因为看到了米开朗琪罗的出众才华，将大厅的一部分委托给他，这才有了他画另外一幅壁画的事情，他将与列奥纳多就此事一决高下。

米开朗琪罗接受的委托任务是佛罗伦萨历史上另一次军事胜利——卡西纳之战。和列奥纳多不同，年轻的米开朗琪罗没有见过战争，也没有见过屠戮场面，他对战争题材的把握更多出于想象。

列奥纳多那幅画的中心是两军抢夺具有象征意义的军旗，和他以往的创作一样，这幅画充分展示了充满戏剧性的瞬间艺术。米开朗琪罗的学生留下的摹本，在我们看来是完全不同的画作，几乎难以相信那是战争。

一群肌肉强健的男子在互相推搡拉扯，有人在湍急的河流里伸出绝望的双手——也许这是唯一一处让人感觉到战争残酷的细节了。还有一些人则差点落入水中，他们全都是裸体男子。

与其说这是战争，倒不如说这是健美比赛。不得不说，米开朗琪罗对战争题材的把握非常不到位，几乎是错位的。在这场较量中，如果单独从遗留下的摹本以及素描来看，显然是列奥纳多技高一筹。

不过我们都知道这两位大师最终都放弃了这组作品。列奥纳多生性不爱竞争，面对米开朗琪罗的压力，他大概极为不舒服。尽管他们两位互相很看不上对方，且多有讥讽之语，但是列奥纳多私底下却偷偷地学习了米开朗琪罗的《大卫》。这证明他们二人之间既有竞争也有学习的关系，反之，对手的强大正说明了自身的杰出。

列奥纳多始终无法将油性颜料附着到墙上，再加上竞争关系，这些都让列奥纳多个性中喜好拖延且半途而废的那部分占领上风，他终于放弃了这个原本有可能成为他另一幅杰作的项目。

至于米开朗琪罗，那时他受到教皇的器重，眼下这场"战争"突然就显得不再那么重要了。于是他放弃了项目，奔赴罗马。

世人想看两位大师较量的期待不免落空了。但任何时候，后人只要想到两位大师在同一个大厅里创作的情景，就会免不了激动不已，那是怎样的时代啊？

人类群星闪耀的时代，一切都解放，人们充满探索和创造力的时代，他们会庆幸自己有生之年遇到这样强劲的对手。

第十六章

被背叛的遗嘱

■ 谁的父亲死了

世上少有和谐的家庭关系，尤其是父子之间。亲人们常常因为观念的差异，道路选择的不同，甚至经济因素等导致关系疏离，或虽然亲密但紧张不已。这是亲密关系难免出现的紧箍咒——偶有幸运儿，属于逃脱的例外。

如果我们翻开古今中外的名人家族史，我们会被触目惊心的遗产争夺以及情感伤害所震惊。比如，儿女与父母疏离淡漠。叔本华憎恨他的母亲，卡夫卡恐惧他那独裁者父亲，画家塞尚始终得不到他父亲的认可与支持。

我们的列奥纳多，这位艺术大师和父亲之间的关系也是一直扑朔迷离，但从各种迹象来看都不能算幸福和谐。他和母亲关系疏离，和父亲也没好到哪里去。尽管他的父亲曾帮助他获得过好几次委托任务，但是他的父亲显然对他的职业和天才缺乏足够的了解与支持。

他就像普天下常见的父母那样，只是以自己的见解尝试理解子女——有时一点帮助也没有，全是障碍。比如列奥纳多的父亲因为了解儿子的拖延症，主动和委托方协商制定了让儿子及时交付作品的苛刻合同。也许他的原意是好的，一来更加有利于委托方对项目的信任度，二来列奥纳多也就不得不加紧工作了。

但是他也像卢多维科们一样，只是将列奥纳多的拖延看作是特别糟糕的习惯，无法理解他缘何拖延——他们对他的研究与观察，以及思考所需要消耗的时间，多少理解不足。他们只会期盼他不停地创作，不要停下手中的画笔。

这样的父亲和儿子之间很难说和谐亲近，何况皮耶罗始终没有把他的私生子身份合法化。这让他终身背负这个巨大的身份债务，也让他在皮耶罗去世后，陷入无法继承财产的完完全全局外人的境地。

在列奥纳多的笔记中，他记录了皮耶罗的死亡。那时他正在佛罗伦萨创作那幅安吉亚里之战的壁画，和他母亲的死亡一样，在皮耶罗去世这件事上，列奥纳多同样使用了"客观公正"的记录方式，将他生命中这一事件记录在案。

"1504 年 7 月 9 日，星期三，七点，我的父亲，巴杰罗宫的公证员塞尔·皮耶罗·达·芬奇在星期三的七点去世了，享年八十岁，身后留下十个儿子和两个女儿。"

他有关父亲的去世记录不止这一条。我们不明白为何一条简单的父亲去世记录，他要写上很多条，甚至还频繁出错，这和他严谨的习惯一点也不相符。上面这条记录乍看之下无任何不妥之处，但是皮耶罗那时候并没有到 80 岁，实际上他只有 78 岁。我们不清楚列奥纳多为何连自己父亲的年龄都记错，但这一条更能说明他对父亲并不了解，父子俩大约是彼此都不了解的关系。

正如今天我们也不清楚自己的父母年龄和生日一样，只是被动地感知他们老了。78 岁，无论在今天还是文艺复兴时代，都是个不折不扣的老人了。作为儿子的列奥纳多可能也和我们一样，只是单纯地觉得他太老了。

至于这条记录中强调了两次的星期三，更是荒诞，与整条记录简洁的风格完全不搭。他那公证员习惯方式似的写法，也许有来自家庭的隐秘影响。

据考证，皮耶罗去世的那一天是周二而非周三。所以这是一条看似毫无毛病其实错误百出的记录，他在这条记录上再一次显示出了不带感情的写作倾向。

至于他所说的身后留下十个儿子这件事，大概列奥纳多始终对他私生子这个身份有些介意。列奥纳多的身份一直没被父亲合法化，但他在记录的时候，将自己放在了十个儿子之间。皮耶罗虽然没有娶他的母亲，但后来却相继娶了四个妻子。这也就解释了为何他的子孙如此繁茂。

皮耶罗至死也没有立过遗嘱。这一点也显得怪异，按理说他是公证员家庭出身，他自己又是做了一辈子的公证员，他对遗嘱的重要性比谁都清楚，然而他没有立。没有立遗嘱就意味着列奥纳多从他的遗产里一分也得不到。

因为他是私生子，身份不合法。按照法定继承的话，没有遗嘱，列奥纳多的身份没有资格继承任何财产。皮耶罗为何这样做？是他对列奥纳多的关注与爱不够多？还是他觉得这个儿子早已功成名就了，完全不必和他的众多子女来分那些财产了？又或者仅仅是出于对家庭关系和谐的考虑？考虑到如果分财产给列奥纳多，其他子女将极为不乐意。

无论怎样，他的这一做法都伤害了列奥纳多。他选择了他的那群婚生子女，而牺牲了列奥纳多的利益。换作任何人，都会对皮耶罗的做法感到愤怒和伤心。都是子女，他的偏爱太明显。在人生的重大时刻，他选择性地遗漏这个儿子。

■ 叔叔的遗嘱

谢天谢地，一个天才艺术家在他的父母那里所缺失的爱与关注，在另一位亲人的身上得到了替代性补偿。这个人不是别人，正是列奥纳多那位毫无野心、胸无大志却温和有趣善良的叔叔——弗朗切斯科。

他的叔叔没有任何子女，这和皮耶罗身后留下众多子女真是形成鲜明对比。然而，这两个人的死都牵动了列奥纳多的神经。父亲死的时候本该留下保障他权益的遗嘱，然而却没有；叔叔因为没有子女，他死后的财产理应由皮耶罗的子女们——那些婚生子女们继承，然而这位慈爱的叔叔却动手修改了遗嘱。他选择将自己的全部财产交给挚爱的侄子——列奥纳多·达·芬奇。

这样一个充满善意的举动，却为列奥纳多带来无尽的烦恼。原本"该得"的却未得，原本"不该得"的却全部拥有。作为弗朗切斯科的"合法继承人"的皮耶罗的儿子们，自然对列奥纳多这个多余人的出现很不满。

凭什么让他——这个外人拿走一切呢？

于是，这群同父异母的兄弟们开始了一场旷日持久的遗产诉讼官司。弗朗切斯科不知当时在修改遗嘱的时候，是否预见到自己的这一举动将为侄子们带来怎样的影响。弗朗切斯科并不算特别富有，他的主要财产也是皮耶罗的儿子们主要争议的地方，是他们家祖居的芬奇镇的一块农田，在这块农田上还有两处房产。

弗朗切斯科生前还曾因为修缮房屋找列奥纳多借过钱，根据后来留下的信件显示，这位善心的叔叔还没有归还列奥纳多钱款。或许弗朗切斯科想的正是如此，本来就是借了侄儿的钱修缮了房屋，何不将这一片土地连同房屋一起赠送给他呢？

他无儿无女，而列奥纳多则多少像个"无父无母"的孤儿。除了列奥纳多童年时和他一起度过之外，列奥纳多多少比起皮耶罗的其他儿子们来说更像他自己的孩子。他充当起一个慈父的角色，既然自己的哥哥皮耶罗没有为列奥纳多准备一分钱遗产，那么他就倾其所有留给列奥纳多。这里面除了有仁爱，恐怕还有一份不为人知的"公义"——出于对哥哥处理遗产的不负责任态度的纠正。

被此举激怒的列奥纳多的弟弟们，完全不能接受这个叔叔的决定，他们起诉了列奥纳多。列奥纳多对这块田地充满感情，除了这是他的故乡，他童年就熟悉的景致外，还因为他曾在叔叔这里做过科学实验。何况这房子也有他的一部分款项呢？他被自家兄弟起诉后，毫无疑问是特别愤怒的。

任何人看到列奥纳多面对的这些问题，都会为他感到不公和愤怒。那些弟弟们从小到大和自己没有什么交往，谈不上什么一家人的感情。他们自小都享受了完整的父爱，拥有父亲留下的遗产，是父亲名正言顺的继承人。不像他，什么都没有。

如今，他们又为了叔叔的一份遗产将自己告上公堂，这多少令人难堪。且不说列奥纳多尴尬的身份，他当时已经是名扬四海的艺术家，深受法国国王的青睐，单单因为官司所消耗的心力与时间就足以令人崩溃。

他再也不能专注于自己的科学实验，也提不起任何兴趣拿起画笔。自家兄弟将自己推入琐事的泥潭，他很有理由愤怒。他咒骂这些人哪里是什么兄弟骨肉，简直是陌生人。通过他的信件，我们还能看到这样的字句——你们诅咒弗朗切斯科遭遇不幸。由此可以想见，他的那些兄弟们对这位叔叔的憎恨和不满达到了怎样的程度。

他们想要继承弗朗切斯科的遗产，但是却不肯归还叔叔当初因修缮房屋所借的款项。这种应答自然是令人难以忍受，也难怪列奥纳多愤怒地称他们是陌生人而非自家骨肉兄弟了。

列奥纳多因为这场遗产风波离开他热爱的米兰，返回佛罗伦萨，在佛罗伦萨多有逗留，他的心情并不好。这里虽然是他的故乡，也是他事业起步的地方。然而他在佛罗伦萨的日子并不好过，似乎总是伴随着丑闻与官司，且他在这里和年轻的竞争者米开朗琪罗之间也不算愉快。

总之，他急切地需要早日从这场旷日持久的官司中摆脱出来，回到他热爱的米兰，回到那个对他青睐有加的法国国王身边。因为他一直在苦苦追寻，寻找一个稳定可靠的赞助人。

这个赞助人既要有财力和权力，还要对他够尊重，给他极大的创作自由，以及薪酬不低的回报。当然，也包括保护他及随从的人身安全。

过去，他的赞助人都不够理想。

美第奇家族虽然拥有这一切，甚至还有极高的艺术品位，但是他们似乎对列奥纳多的天才不够赞赏，他们更加偏爱其他的艺术家。

至于卢多维科和后来的军阀，那更是令人闻风丧胆，伴君如伴虎。他没有办法，只能在意大利的诸多军阀中选择一个投靠。

现在，法国国王对他的欣赏令他感到机会再一次来了。他不允许自己错过他的信任和热爱，因此他对这场焦头烂额的家庭官司感到无比厌倦，希望急速解脱。

■ 一场惊动国王的漫长官司

文艺复兴时期的意大利，各地执掌政务的家族对人才极为推崇和尊敬——谁都希望最杰出的人才能够为自己所用。这里面除了实用的功利性目的，还包括用高端人才和极有声望的大师来提升和巩固自己的统治。换句话说，艺术大师和科学家如一张名片，成为他们装饰自己门面的有效武器。

毫无疑问，列奥纳多是大师中的大师。他的故乡佛罗伦萨和他后来的居住地米兰，无一不想争夺他。当他因一场焦头烂额的遗产官司而滞留佛罗伦萨的时候，乐于他停留的毫无疑问是佛罗伦萨方面。但列奥纳多自己却无心恋战，他的心思全在米兰那里，他甚至担心自己会因为晚归而失去法国国王的青睐。

因此，他只想速战速决，可是单凭他的个人力量还无法做到让法庭尽快判决。这种悬而未决的状态让他特别焦虑，他再一次想到了自己的赞助人——法国国王。此前，他曾因为放弃《安吉亚里之战》返回米兰，就让佛罗伦萨和米兰方面有了点外交上的不愉快，而这件事也有法国国王的参与。

我们都明白，当时的佛罗伦萨人都在等着看一场来自老艺术家和新崛起的艺术家米开朗琪罗之间的较量。可是心生厌倦的列奥纳多无心恋战，他一心想要回到自己的福地米兰。佛罗伦萨方面当然不会轻而易举就同意他的选择，毕竟他还没有按期完成他的《安吉亚里之战》。

古城佛罗伦萨之所以能躲过杀人如麻的军阀波吉亚的侵袭，就在于它受到了法国国王路易十二的保护。现在，路易十二将列奥纳多封为自己的"常任画家和工程师"，他在米兰召唤列奥纳多回来，佛罗伦萨岂有不放之理？

无论佛罗伦萨方面多么不愿意，也不得不答应列奥纳多离开。不过佛罗伦萨仍然希望列奥纳多只是短暂离开，仍寄希望于他在不久的将来回来继续完成那幅壁画——也许还有其他方面的工作等待着他来完成。于是双方签订了一个协议，按照协议要求，列奥纳多必须三个月内如期回来，否则将承担一百五十弗罗林的罚金。这是一笔相当高的罚金，要知道当时列奥纳多《岩间圣母》的尾款也只有这罚金的五分之一。

他们之所以将罚金订得这样高，无非是担心大师一去不返，这和过去他父亲代为签订的合同类似。但我们也知道，根据列奥纳多从前的表现即可知晓——钱在他那里的诱惑力永远小于他的兴趣。

所以，这注定是一场有去无回的旅程。果然在临近三个月的时候，他变卦了，不肯回来，这样佛罗伦萨和米兰之间就要为他的去留问题进行协商。米兰总督，一个法国人，自然是路易十二的人，给佛罗伦萨方面去了信函，表达了大师无法按期返回的诉求。对此佛罗伦萨只好"吃瘪"，谁让它弱小，需要法国的保护呢？他们又续约了一段日子，佛罗伦萨方面同意延长时间。

自然，他照旧不会按期回来的。佛罗伦萨的执政官对此十分愤怒，耐心全失。他给米兰方面写来了一封措辞严厉的公函，"列奥纳多的行为对共和国而言纯属失当。他收下了一大笔款项，却对这项伟大工程不闻不问，只开了个头而已"。必须承认，佛罗伦萨的执政官言之有理，他的愤怒也令人同情。

可是即便米兰方面收到了这样的公函，他们还是依然如故。列奥纳多就不用说了，他不愿回佛罗伦萨去画那个战争壁画。米兰为了他可谓竭尽全力，给佛罗伦萨回复了一封公文。公文中声称大师列奥纳多是法国国王的常任画家与工程师，并指责佛罗伦萨方面没有给大师应有的尊重，没有给出让大师发挥自己全面才华的条件。

这种指责严格说来也不算虚假，列奥纳多对自己的定位从来不止是一名画家，他的军事工程师的梦想从未放弃过。因为提及了路易十二的大名，佛罗伦萨方面终于闭口不谈，吃了哑巴亏。

为了回报路易十二的赏识，列奥纳多策划并参与了欢迎路易十二凯旋归来的庆典活动。他似乎天生热爱表演和舞台，正如他那瑰丽的袍子和优雅举止，他对吸引别人的关注有着与生俱来的热爱。

在列奥纳多的心里，他可能不会想到自己很快在第二年就要返回佛罗伦萨，并因一场旷日持久的遗产官司而滞留，而他不得不再次动用路易十二的名号。

路易十二对他是真爱——超过以往任何一任赞助人。他不厌其烦地给佛罗伦萨方面写信，讲述他跟随自己的重要性，他甚至在信件中将列奥纳多称为"我最亲爱的、深受爱戴的"人。但是这一次，佛罗伦萨却不肯买路易十二的账。

列奥纳多最终不得不恳请教皇的军事统帅，经过好一番斡旋，他的遗产官司终于尘埃落定。官司之所以能够顺利结束，除了有相关人员的斡旋，也跟列奥纳多提出的条件有关。列奥纳多承诺在他有生之年享有使用那些遗产的权利，但以后他会在自己去世后，留给他那些同父异母的兄弟们的孩子。正是这一重要允诺，才让这场漫长的官司走到终点。而他说话算话，后来他的遗产中就没有来自佛罗伦萨的叔叔那部分。

现在，他终于可以安心地回到米兰了。

第十七章

重返米兰

▓ 别了，佛罗伦萨

人的一生之中，会有无数个告别。有些告别是为了将来更好地重聚，有些告别则是感伤地分道扬镳，再也没有相见的可能。

如果说人生是一趟没有回程的列车，那么，与某人、某物、某地的告别就是天注定的一件事。人们为了各种各样的原因，离开故土——中国人眷恋故土，乡土情结很重，意大利人要好很多。但是不论是哪里人，哪怕是以流浪各地闻名的吉普赛人，人们在离开自己生活很久的地方时，内心总是万般滋味，不舍和无奈是极为常见的情绪吧？除非人们离开的是地狱。

佛罗伦萨作为文艺复兴发源地，又是列奥纳多的故乡，自然不能算"地狱"。何况列奥纳多最初的技术与名声是在这座古都建立起来的，他的老师、朋友、家人都散布在这里。他依然急切地想要离开，如同人们急欲摆脱自己不爱的人，深怕有什么纠缠。

别了，佛罗伦萨。这一次，他离开后，再也没有回到过故乡。此时的他已经开始走向生命的暮年。他没有思乡和落叶归根的想法，在佛罗伦萨和米兰之间，他总是毫不犹豫地选择后者。

从前他还年轻，离开佛罗伦萨去米兰，是带着冒险的心情，期盼能在另一个地方获得更大的艺术成就。而今他作别故乡，原因复杂。佛罗伦萨始终没有对列奥纳多予以尊重和重视，这一点是任何一个有艺术抱负心的艺术家都难以忍受的，何况列奥纳多的"野心"还不止艺术家这一项呢？

另一方面的原因，大约和佛罗伦萨此时变味的城市风格有关。佛罗伦萨已经不再是当年"伟大的洛伦佐"时代的样子，不再崇尚世俗生活和优雅新奇的艺术庆典，当然，对知识的尊重也不复从前。在经过宗教狂热分子对书籍的焚毁后，这座美丽的城市尚未恢复元气。

再者，虽然漫长的遗产官司结束了，但是列奥纳多一想到要和他的那些毫无人情味的兄弟们生活在同一个地方，心中难免添堵。这片土地埋葬着他的亲人，他那个很难说称职的父亲，他那个毫无野心的善良叔叔。他们曾经如一张细密的网，将他和这里联系起来。现在，快乐的、不快的，都被一把快刀斩了去。

而他要回去的那座城市，算是他的福地。

他在那里获得了作为一个艺术家最鼎盛的名声，也在那里受到了比佛罗伦萨重要得多的重视。那里有最欣赏他的赞助人——米兰总督——一位像法国国王一样爱戴他的法国人。米兰还有他熟悉的工作伙伴和朋友们，与佛罗伦萨不太一样的地方是这里有一群各式各样的学者——包括但不限于艺术家。

在米兰附近的大学城帕维亚，这里汇聚了一大批优秀的头脑，这对兴趣广泛的列奥纳多来说真是无法抗拒的诱惑。他可以选择任何一位任何领域的学者进行交流，而这在佛罗伦萨恐怕没那么便利。

当然，米兰没有经过佛罗伦萨宗教狂热分子的"洗礼"，从统治者到民众，依旧热衷于花式翻新的庆典活动，这也是列奥纳多所热爱的。

别了，佛罗伦萨。

也许列奥纳多在离开故乡的时候心情是万分愉悦的、急切的——那里有支持他的赞助人。但我们仍愿想象，他和他的马奔驰在佛罗伦萨的道路上时，心里依旧愁肠百结。因为离别总是如此，正如诗人北岛的诗句，"你没有如期归来，而这正是离别的意义"。

■ 养子的到来

1507 年，米兰。伟大的列奥纳多作为一个艺术家，他的人生巅峰已经来到——他作为法国国王的"常任画家与工程师"，名满天下，深得赞助人的赏识。然而作为一个"世俗"意义上的社会人，他单身，尚没有所谓"家"，自然也谈不上子嗣。

很多年后，桀骜不驯的超现实主义画家达利曾这样说过一句话——你能想象我有后代吗？一个天才无需复制他自己。这是狂放不羁的达利，不过这句很有挑衅意味的话，我们也许可以隔空赠送给文艺复兴时期的列奥纳多。

当时，年过半百的他已经是个十足"老者"了，毕竟当时的人均寿命很短。55 岁的他在米兰遇见他晚年的重要人物——一个出身良好的英俊少年，14 岁的贵族弗朗切斯科·梅尔奇。梅尔奇长相清秀俊美，仪态优雅，有着列奥纳多所偏爱的一切特征。

梅尔奇的父亲是一位显赫的贵族，他在米兰负责加固城市的军事防御工事，是名副其实的军事工程师——我们都知道这是列奥纳多多年来梦寐以求的理想职业之一。梅尔奇的家就在离米兰城不远的一个镇子上，在那里能够眺望到这座美丽的城市。列奥纳多自打认识梅尔奇以后，就常常住到他们家里，成为那座大别墅里最尊贵的客人。相处久了，列奥纳多仿佛成为这个家里的一名家庭成员。

后来，列奥纳多将梅尔奇收为自己的徒弟兼养子。他死后几乎所有财产，包括他的作品，都由这位英俊的少年继承了，当然财产之中不包括他从叔父那里继承得来的那部分。

列奥纳多的身份很是特殊，他既是梅尔奇的老师，也是他的养父、教父，甚至还是雇主和监护人。毫无疑问，如此众多的身份，不仅来自梅尔奇父亲对他的信任与欣赏，也来自列奥纳多对梅尔奇的喜爱。这种信任是双方的，任何良好关系的建立与维持都是如此，单靠一方无法办到。

梅尔奇是一位性格稳重品行良好的年轻人，在列奥纳多去世以后，曾和他相识的艺术史家瓦萨里，在作品中这样描述他："一位容貌俊秀的男孩，深得列奥纳多的厚爱"。

尽管瓦萨里在很多事情上的叙述不免过度文学化和夸张，但在这件事上完全没有夸大。梅尔奇确实深得列奥纳多的宠爱，在一封他草拟给这位年轻的弟子的信件中，他曾这样说：

日安，弗朗切斯科先生，拜托你看在老天爷的份上，你就不能给我回一封信吗？我给你写了两封信，你一封都不回？你等着吧，我对天发誓，我会让你给我抄很多很多东西的，让你后悔。

这一封信的内容看起来是在抱怨，实际上是亲密的调侃，甚至有一丝"暧昧"的味道？

不过梅尔奇后来娶妻生子，成为八个孩子的父亲。梅尔奇的父亲肯定知晓列奥纳多，这在当时并不算怎样的秘闻，尤其他始终单身，又是人人都知晓的大艺术家，他的私人问题也会成为众人皆知的"秘闻"。作为一个父亲，如果明知他们是这种关系，或存在这关系的可能性，应该是不太赞同的，何况他们之间的关系如此亲密友好？

这是一份对双方来说都很满意的"养子协议"，列奥纳多在暮年找到了余生可以信赖的继承人，梅尔奇的到来也消解了他不少寂寞孤独。对梅尔奇的家族来说，一位艺术大师的加盟的确是一件蓬荜生辉的事。梅尔奇能够投在列奥纳多的门下，得到他的喜爱和指点，前途自然是一片光明的。何况列奥纳多还将他列为自己的继承人人选，因此这桩事从哪个方面来看都令人满意。

列奥纳多和梅尔奇的关系扑朔迷离，这是毫无疑问的。在没有新的有力证据出现前，我们只好存疑。

　　梅尔奇后来逐渐成为列奥纳多生命中的重要一员，他是列奥纳多的得力助手。梅尔奇虽然不是什么杰出的绘画大师，但他为我们留下了不少列奥纳多作品的临摹版本——这让我们后世的人能够多一个角度窥见大师的艺术手法与风采。同时，他还绘制过一幅很有名的列奥纳多肖像，他算得上是一位优秀的画家。他稳重而细腻的个性，也让他在列奥纳多生命中占据重要的位置。至少在一些重要事务上，列奥纳多信任和依赖的是梅尔奇。

　　至于他调侃梅尔奇不回信件这件事，显得多少有点"诡异"。按理说，以列奥纳多艺术大师的身份，又是他的养父和老师，梅尔奇是不会不回信件的，更不会接连两封都不回。从列奥纳多草拟的内容来看，他们关系亲密而融洽，不存在因误会或别扭而闹脾气的情况。

第十八章

画笔与解剖刀

■ 首个发现动脉硬化的人

相信但凡有天才的人，必定有过人之处。非常之人才能做非常之事，有非常的胆识和见识，绝非庸常俗见能理解——也绝非庸常俗规所能控制。

天才们的举动在常人看来时常有"越轨"的嫌疑，处于疯子和正常人之间。在一个宗教势力强大的国家，尤其还是 16 世纪初的意大利，列奥纳多夜访一座历史悠久的医院，竟然为的是能够解剖尸体！

因为按照《圣经》的说法，人是上帝按照自己的形象造出来的生灵，怎可如此亵渎？列奥纳多是个地道的文艺复兴大师，这句话也可以解读为他是个彻底的人文主义者。他的好奇心，他对科学的兴趣，他对探寻万物秘密的兴致，早已超越了他对上帝的信仰。正如前面所说，他曾经有过一段时间压根不想画画，连画笔都懒得提起。他整天只是观察研究，对别的事物特别着迷。解剖就是其中之一，他想了解人体的奥秘。他对解剖的兴趣是分为两个阶段的，中间搁置了很多年，等到他再次兴起这个念头的时候，已经到了他生命的晚年，也就是他再次回到佛罗伦萨和他那群同父异母的兄弟打遗产官司的时候。或许正是那些难缠的关系，令人厌倦的纠缠，让他重新对"人"产生了兴趣。就是在那样的夜晚，他开始频繁造访佛罗伦萨的一间古老医院。他去那里，不仅看死去的人们，也看活着的人们。他和活人交谈，也和死人交谈——各有各的交谈方式，各有各的语言。

在他所交谈的人中，有一位显得尤为特别，那是个百岁老人。在他们谈话后的几小时，老人无疾而终。他走得特别安详，据他讲，他一辈子没生过病。百岁老人，即便是在今天也是罕见的高寿，何况是在十六世纪。列奥纳多的好奇心完全被激发起来了。

他想了解这究竟是怎么回事，一个一生没有生病的人，他的生命是因何终结的。假如我们看过他留下的手稿笔记，在有关人体解剖的地方，他记下了怎样的观察和心得，我们也许就能明白他怀着怎样一颗探索科学的心靠近人体的奥秘。

"你观看我描绘的这幅人体图，就好像观看自己面前站立的自然人。原因在于，如果你想要从解剖学上彻底了解人体的各个部位，那么你——或者说你的眼睛——就需要从不同角度观察人体，从上方、从下方以及从侧面考虑，把它转动一下，看看每一个部位的起源，这样自然解剖学可以帮助你充分了解人体。

但是你应当明白，单单是上述那些知识还不够用，静脉、动脉、神经、肌腱、肌肉、骨骼等组织与血液混合在一起，令你根本看不清楚这些部位。而作为输送血液的血管因为太细小，更是难以分辨。此外，在我们研究这些组织的内部构造时，它们的完整性不可避免地遭到破坏，它们的透明物质被沾染血色。令你无法把沾染血色的透明物质与其覆盖的部分分辨开来；你想清清楚楚地了解每一个部位，不把它们混淆也不弄坏掉，几乎是不可能的。

因此，你需要一些更深入细致的解剖图。你需要三幅图用来全面了解静脉和动脉，它们遍及人体的其他各种组织。另外三幅图用来展示各种组织。还有三幅图用来展示肌肉、肌腱和韧带。三幅图用来展示硬骨和软骨。三幅图用来展示骨头的解剖学，你必须把骨头锯断，才能看见哪些是空的，哪些不是空的；哪些含有骨髓，哪些呈海绵状；哪些从外至内越来越致密，哪些越来越疏松。有些骨头在一些地方极其疏松，在另一些地方却极其致密；有些部位是空的，或者骨头很硬，或者充满骨髓，或者呈海绵状。有时候你会发现，这些情况可能存在于同一根骨头之中，而有些骨头根本不存在这些情况。"

列奥纳多真可谓天选之人，他凭借卓绝的天赋，将解剖刀用得几乎和画笔一样出色。他利用仅有的简陋工具进行解剖，在条件异常艰苦的夜晚，以我们今人无法想象的毅力和洞察力，对这个百岁老人进行了多次解剖。多次！尸体腐烂到了令人难以忍受的地步，然而他对科学的热情盖过了一切艰苦磨难。

他层层剥开老者的皮肤，正如上面的引文所说，他就那样解剖并绘制了卓越的解剖图，他因此甚至成为世界上第一个发现动脉硬化的人。在解剖过程中，他发现了动脉硬化的过程，动脉壁因斑块样的物质不断淤塞沉积而增厚硬化。

他如此记录道："为了确定如此安详离世的原因，我进行了尸体解剖，我发现死亡源自身体衰弱，衰弱是由于血液供应不足和为心脏及其下方器官供血的动脉出了问题，这些血管干瘪、萎缩得过于严重。"

列奥纳多将人体的血管网络比喻成橙子。人越老，皮越硬，而果肉越干、少。他的记录是人类首次将动脉硬化的过程描述下来的相关记录，在那个没有摄像机诞生的年代，他用解剖刀和画笔一起，为人类留下了宝贵的遗产，让后人获得动脉硬化的形象。

■ 那些守着尸体的不眠夜晚

列奥纳多终其一生，对众多事物都抱着罕见的热情和好奇心，尤其对运动着的一切，水流、飞鸟、动物，自然也包括人。他对人体的迷恋由来已久，他绘制的《维特鲁威人》就是最为明显的例证。

他的众多人体解剖图更是对人体迷恋的进一步说明，他缘何如此呢？仅仅是简单的数学比例和科学规律的惊叹？不，绝对不是这样。尽管列奥纳多不是一位虔诚的宗教徒——他反对宗教狂热者的激进行为，但他却认为人体的完美比例与令人惊叹的和谐之美来自上帝的创造。

"尽管人类的聪明才智能制造出各式各样的发明，但是永远无法设计出比大自然更优美、简洁和直接的创造。因为她的创造增加一分就会显得多余，而减少一分则又显示出不足。"这是列奥纳多的笔记中所展现的观点。此外他还如此写道："你不用因为你从他人的死亡中有了新发现而感到苦恼，你应该为我们的造物主提供了如此杰出的方式而欣喜。"

列奥纳多笔下的所谓从别人的死亡之中有新发现，指的就是他痴迷的人体解剖。他所处的时代虽然教会已经不再禁止解剖尸体，但是政治风云波谲云诡，对这件科学事业的支持力度也和当局有密不可分的关系。比如在罗马，因为那里是教皇的教廷所在，因此更为保守，这件事就显得不太可能。

因为人们的宗教信仰，以及对解剖研究的抵制，导致可供解剖的尸体来源特别少。这就要求每一次解剖都要尽心尽力，要与时间赛跑。由于没有保存尸体的技术条件，尸体极容易腐烂。

我们不妨这样想象一下：在漆黑的夜晚，在还没有电灯的时代，列奥纳多和他的助手守在一具尸体旁边。他们操着最为简陋的工具，进行着不被世人所理解的解剖活动。或许他们在专注解剖的同时，还得警惕外面的声响——万一遇到激进的宗教狂热分子，又该如何呢？

房间里飘荡着血腥气，时间久了伴随着令人作呕的腐臭气息。只需要如此设身处地地想象一下，我们就会对列奥纳多，以及一切将自身置身危险境地而为科学艺术献身的人们感到无比崇敬。

"你说不准会因为反胃而半途而废。如果连反胃这个都没把你吓到，那么你可能会因整晚与剥了皮的尸体共处而受到惊吓，因此无法直视它们。如果这都没有把你吓住，你也可能缺乏绘图需要的良好技巧；即便你有了良好的绘画技巧，也可能缺乏透视知识；即使你有透视知识，你还可能缺少几何图示和计算肌肉力量和强度的方法；还可能你会因为缺乏耐心而不能持之以恒。"瞧吧，列奥纳多如一位洞悉人性的智者，仿佛一眼就看透了世人的才智与意志力。

当然，我们从这段不无警告意味的话里面，依然能够看到列奥纳多的得意。是的，他很得意。因为很多人会在第一阶段就退缩，而他是走到最后的那一个，并且几乎是走得最好的那一个。他拥有全部的知识，透视知识和无与伦比的绘画技巧——谁敢在列奥纳多面前提绘画技巧呢？

他那些精美绝伦的解剖手稿，几乎是艺术在医学上的再现。

"你说，你认为观察解剖学家进行实际解剖工作，胜过观察这些图画。假如你只用一具尸体就能够观察到这些图画向你展示的所有细节内容，那么你算说对了。但是即便你再怎样聪明，你在一具尸体中能够看到以及学到的不过是少数几根血管。而我为了获取关于这些血管真正全面的知识，已经解剖了不下十具尸体，把其他器官全部去掉，而且把覆盖在这些血管表面哪怕是最细碎的血肉也剔除干净，却不至于造成这些血管流血，毛细血管那种看不见的流血除外。因为一具尸体的利用时间不会那么久，所以我必须利用好几具尸体循序渐进地进行研究，直至我最终掌握了这方面的完整知识。为了明确可能存在的差异，我把整个研究过程重复了两遍。"

他还说："我把灵魂的定义留给修士发挥他们的想象力，他们是众人之父，借助灵感知道一切秘密。我不去谈论那些神圣的书籍，因为它们是至上的真理。"

不过，身体是灵魂的画像。正是在那一个个不眠之夜，他与那些肉身已经死亡的人们灵魂对话——他帮助他们找到自己的死因，他们身体的奥秘令他着迷。生与死之间，造物主与渺小而伟大的人类之间，似乎在一场场黑暗中，用手术刀和耐心与智慧，完成了无与伦比的对话。

心脏的科学与艺术

每个时代的人要面临的知识与世界图景是不同的，同一个时代的人面临的诱惑与困境近似，相互之间容易理解。这也是为什么许多知识在从前看来是爆炸性的新闻，在今天不过是个常识的缘故。

不仅知识，道德也如此，也与时俱进，不断变化调整。在科学领域，这种知识的更新显得尤其迅速。比如，关于心脏的工作原理，对当代人来说不过是一些人所共知的常识，然而在文艺复兴时期却是处于科学前沿的问题。

科学似乎总是向前看，向前走，艺术似乎就不那么肯定了。至少文艺复兴本身表现出来的是"往后看"，往古希腊和古罗马的艺术成果去看。在 16 世纪的时候，人们普遍相信 2 世纪的时候盖伦对心脏和人体的描述和认知，他认为心脏无非是一些特殊物质所构成的一个人体脏器而已。至于血液，人们相信是由肝脏产生，然后由静脉这个通道运送到全身上下，当时的人们对此深信不疑。

但天才人物之所以是天才人物，自然是能够看到大众所看不到的东西，并且有勇气去探索和坚持。这种强烈的求知欲和探索精神，一直是推动人类前进的驱动力。列奥纳多无疑是其中的佼佼者，他绝不相信心脏的功能是某种特别的生命组织。

为此，他又做了不少解剖。关于心脏、血液、人体。

我们从他遗留的著作中既能看到列奥纳多的天才洞悉力，也能够看到他的错误——但是他的错误是属于"时代"的，而非他"个人"的。比如他认为地球静止不动的观点，现在上至耄耋老人下至几岁儿童，都知道地球并非静止不动的。这是因为我们从小就接受了这种前人的研究成果，这种常识人人都有，但是在列奥纳多的时代并没有。当时的科学还没有发展到这一步，所以我们在看待过去时代的大师时，很有这种"理解之同情"的敬意心理。

列奥纳多为了了解心脏的工作原理，他曾经解剖过一只活猪。他由此发现了心室的工作方式："上下两个心室的功能与性质完全不同，它们被软骨与各种物质分开"。

列奥纳多通过解剖，成为最早认识到血液系统的中心不像盖伦所认为的那样是在肝脏，而是在心脏的人之一。他说所有的静脉和动脉都从心脏发出，他还是第一个分析血管分支如何逐级递减的人。他画了他解剖后看到的图，心脏与动脉静脉如同树枝的枝丫般分布。而他也借助实践成功证明了自己的观点，心脏也是一团肌肉，而非盖伦所说的特殊生命物质。

他曾经在一张天蓝色的纸上画了精美无比的心脏解剖图，他的解剖图总是精美到令人叹为观止，让人不得不赞叹造物主的偏爱。这是一位天选之人，他的笔下呈现出科学与艺术的完美结合。

但任何人只要看过那张笔记，首先被吸引的一定不是那精确的解剖图，而是旁边的一张萨莱的侧脸像。不得不说，那张画像美极了。当时的萨莱正值壮年，一头卷曲的头发显得优雅美好，他略显丰满的脸部和圆润的肩膀正是一个人处于青年时期的样貌。画像中的萨莱安静优雅——将生活中那些"偷鸡摸狗"的坏脾性去掉，我们任何人都会爱上这个健美的青年。

但根据一项研究显示，同一张纸上的萨莱与心脏解剖图之间存在着先后顺序这样的关系。也就是说，列奥纳多并不是心血来潮地画了肖像以后闲笔画了心脏解剖图。而是他先严谨地画了解剖图，画完以后似乎突然被某种情绪所主导，于是又画了萨莱的侧脸像。

想象一下这样的工作场景，艺术大师正在伏案工作。他根据自己的解剖心得，认真严谨地绘制心脏解剖图。在这个过程中，他显得冷静而理性。

画完以后，或许他还要仔细检查一番，以确保万无一失。他欣赏自己的杰作，看着看着不由得有些心情舒畅。他想起了萨莱，想起了他的种种可爱之处，情不自禁地拿起画笔，继续在旁边画了起来。

仿佛某种"宿命"，在心脏图的这一页上，他绘制了小恶魔萨莱。萨莱是否是他生命中的"心脏"我们难以断定，至少他充当过类似心脏的作用吧。一个艺术家，他的创作需要灵感和激情，显然萨莱是一个能够引发他联想与激情的人。否则以萨莱那些不着调的言行，列奥纳多也不会容忍他到几乎胡来的地步。

这就是人性吧？正如他这张天蓝色纸上的手稿一样。他还画了心脏乳头肌的图示，甚至描述了它究竟是在心脏跳动时如何伸缩的。人的灵魂暂住在人的肉身里，肉体是我们的神殿。借着这人体解剖图，我们也得以窥见他想要告诉我们的关于人的认知的问题。这一切都源自爱，源自造物主的悲悯。

■ 精美绝伦的解剖学手稿

在列奥纳多所留下的所有手稿中，人们必须承认，最令人震撼的也许不是那些直到他生命尽头也没能完成的杰作——那些人物肖像草图，而是以无比精确的科学方式和精湛的绘图技巧绘制的解剖学手稿。

在艺术家领域，似乎没人能比列奥纳多更能代表文艺复兴了。他是一位典型的文艺复兴人，他博学多才，热爱科学，兴趣广泛到令后人吃惊。与此同时，他还是一个谨慎的"教徒"，或者更准确地说，他是一位对宗教有限信任或有限质疑的人。

他的身上有强烈的人文主义气息。他的一生虽然以艺术家闻名于世，但他在科学领域的尝试依然为他赢得了后世的尊敬。尤其是在解剖学领域的贡献，完全可以用叹为观止来形容。

他一生痴迷人体的自然奥秘，他很早就拥有了卓越的联想能力。中国老师教育学生的时候总爱说一句举一反三，触类旁通。这方面，伟大的列奥纳多可谓是个中好手。在研究心脏的时候，他因沉迷于水流涡旋的形成以及卷发的问题，他很早就想证明人类的心脏主动脉根部会形成血液涡旋。为此他用牛的心脏作为模型，他做了一个模具——这个模具里有心腔室、瓣膜和主动脉。然后通过撒入草籽，让水流的涡旋看上去更加显著。自然，水流在这里代表血液。

这个看似没什么了不起的实验研究，却是他一生的解剖学研究最大的收获之一。因为这一发现一直到20世纪60年代才被牛津大学的医学团队经过现代科学证实是有效的。这一切距离列奥纳多的研究成果，已经过去了近五个世纪。

因此，后世杰出的医学专家称列奥纳多准确地预测了瓣叶和对应的窦之间会形成涡旋，并且他成功地认识到这种涡旋的形成有助于关闭瓣膜。甚至有医生称在列奥纳多留下的所有令人惊叹的研究中，这一项发现似乎是最为非凡的。

在这里，我们不得不再次引述列奥纳多写在笔记上的两段话。

"我想过要创造奇迹，也许与其他生活较为宁静的人相比，或者与那些想要一夜暴富的人相比，我可能拥有的东西更少。我可能会长时间生活在贫困交加之中，所有追求永恒的人都会遭遇这种情形，就像下面这些人经常遇到的那样：炼金术士，他们将会炼出金银；工程师，他们让死水再度复活并流动不止；巫师和魔法师，他们就像超级傻瓜……

我把灵魂的定义留给修士发挥他们的想象力，他们是众人之父，借助灵感知道一切秘密。我不去谈论那些神圣的书籍，因为它们是至上的真理。

这个不去谈论灵魂的人，这个文艺复兴人，从某种程度来说，他是一个有着阿波罗气质的艺术家。按照哲学家尼采在《悲剧的诞生》中的观点，列奥纳多明显是一位有着苏格拉底－柏拉图知识乐观主义－科学乐观主义的艺术家，他迷恋精确和知识，对世界的探索是以世界可以为知识所发现并解释这一基本观点为出发点的。与他同时期的画家，依然有一些人不像列奥纳多这样迷恋科学，有的甚至完全忽视被列奥纳多奉为圭臬的透视法则。他们宁愿依靠直觉与感情，或者说依靠强烈的宗教激情。

就连解剖手稿上，列奥纳多也特别引用了柏拉图的一句话：不懂数学者，勿要来读我的著作。这当然不是说列奥纳多就是个精通数学的人——远远不是，列奥纳多的数学知识始终有限，远谈不上精通，更称不上数学家。那么他将这句格言写下来究竟有何用意呢？按照列奥纳多的个性，他从来对精确和规律有着超乎寻常的热爱，他写下柏拉图这句格言的用意不在于宣示他对自己数学知识的自信，更不是对阅读他手稿的读者的要求，而是为了向读者作一番自我介绍。那意思无非是说明他是一个有着科学精神的艺术家，他坚信整个自然界的规律一定也和数学一样有公式可以遵照。

他坚信数学是统治宇宙的王者。

任何看过列奥纳多解剖学手稿的人，都会被他手稿的美所征服。一块肌腱，多少根骨头，多少血管——血管的粗细，它们之间各自的比例又是怎样的，这都在解剖学手稿里得到完美展现。这方面来说，正如他早年绘制的《维特鲁威人》一个道理。

他还曾认真考虑过将自己的手稿出版，在公共知识领域贡献自己非凡的才智与超越同时代人的杰出发现。然而他的拖延症，以及对出版的兴味索然，还有他总是为别的科学研究所吸引的个性，都让他最终搁置了这个计划。

这对列奥纳多来说当然是个巨大损失，让他丧失了自己在科学史上留名的机会，以至于他今天在科学史上的影响几乎微不足道。对世人来说，这更是巨大的损失。因为我们完全可以站在这位巨人的肩膀上，看得更远。我们本来完全可以获得他那些研究成果，并及早惠及人类，但是这一切都只能是我们这些后来人的一厢情愿。

尽管他的科学研究并没有让他成为一个科学史上留名的人物，但这并不能否定他的卓越才华，更不能就此否定他的研究——这当然不是白白浪费时间与精力。

任何个体在探索宇宙奥秘或进行别的研究时，这项工作首先对他个人来说是有意义的，能够丰富他自身的认知，并可能以意想不到的方式留下痕迹。

第十九章

无法停止的追问

■ 对水流的激情

　　人是世界的映像，这样一句富含哲理的话出自列奥纳多这位文艺复兴大师，他一生对人体和宇宙的关系始终抱有浓厚的探索兴趣，他十分自然地将人体和人所赖以生存的地球系统相联系。如前文所说，他是一个特别擅长联想和触类旁通的人。他的一双慧眼和敏锐的大脑，总能发现别人所不能发现的，想别人所想不到的，他总是能够轻松自如地"合并同类项"。

　　他的这种学习与实践的特点，让他很早就思考人和地球系统的相似性。请看他如下几段笔记内容。

　　"古人把人称为"小世界"，这个说法确实恰如其分，因为我们看到，如果说人是由土、水、气和火构成的，地球的构成同样如此。人的身体内有骨头作为肉的支撑和框架，同样，世界有岩石支撑泥土。人的心脏有一团血液，随着肺部呼吸而膨胀或收缩，同样，地球拥有海洋，随着世界的呼吸每隔6个小时潮涨潮落。人体内那团血液生发无数血管，遍布身体各个部位，同样，海洋的水也分成了无数的支流，遍及地球各处。

　　然而，地球的躯体缺少肌腱，地球之所以缺少肌腱，是因为肌腱的功能是用于运动。地球本身处于永恒的静止状态，因为地球不运动，所以没有必要拥有肌腱。但是在其他各个方面，人与地球表现出极大的相似性。"

　　这个相似性，在血液和流水之间引起的疑问，支撑了列奥纳多多年的研究观察。正如上文所示，他通过对流水涡旋的观察，继而研究了人体心脏的涡旋工作机能。他对流水的激情从未消失过，这一点我们只需要看看他那些传世杰作中灵动逼真的流水，就可以明白他对流水的观察从未停止过。

不论是渐进的色彩变化，还是水流的波纹，都显示了他对自然界流水持久的追问。

血管里血液的自然热量使其驻留在人的头部，一个人死去，这部分血液冷却并下降至身体的下部。同样，当炽热的太阳照射头部时，头部的血液含量急剧增加，这些血液连同体液充盈血管，往往引起人的头部疼痛。

与此相同，无数的泉水散布在地球这个躯体的各个部位，各处的泉水中也含有自然热量，因此，那些水驻留在泉眼里，并通过山脉鳞隙被输送至高高的山峰之上。而那些山脉中被圈闭的渠道里流淌的水就像死去的东西，不会从低处向高处输送，因为它们没有泉水带来的自然热给其加热。还有，火这种元素的热量，以及白天阳光的热量，它们都有力量把低处的湿气吸引过来并抬升至一定的高度，正如它们在广阔的海面上吸引云团并把其中的湿气向上抬升。

这些关于流水和血液的发现让他疯狂，他一直都有一个军事工程师的愿望，这个愿望里包括了水利工程师这一目标。当米兰还在恐怖军阀波吉亚的阴影之下时，他就曾随军做过水利工程师，还曾有过改水道的计划。

这说明流水的激情一直深藏在他的体内，如血液一样，只要时机合适，他就会重新启动对水流的研究。

他如此说道："一条河流的所有支流在流动过程中，如果水流的速度相等，那么干流的速度也与它们相等。"他的很多关于水流动力学的研究内容，都保留在《莱斯特手稿》中。关于水流的奥秘，他留下了特别多的记录。从这些不同观察角度与思考内容来看，我们完全可以说列奥纳多对水流的痴迷，就像他对解剖学的执着一样，这是他一生之中在众多兴趣里为数不多的保持持久激情的一项研究。

今天，我们从这些笔记内容中可以洞见他的观察与思考：

"我认为，古时候地球表面完全被海水填满，其中的平原也被覆盖，而作为地球骨骼的山脉底部宽阔，山峰刺破并高耸于空中，山脉的表面被地势较高的土壤覆盖。

后来雨水连续不断，形成越来越多的河流，由于反复冲刷而使那些山脉高峰剥落，因此岩石暴露于空气之中，土壤从这里流失。山峰和山坡的土壤向下滑落至山脉底部，加高了环绕山脉底部周围的海床，使得那里的平原露出水面，在有些地方甚至把海水驱赶到很远的地方。

水是所有生命体的体液和成长剂。没有水，生命体就不可能保持其原来的样子。水借助数量增加而使生命体统一起来并逐渐成长。"

列奥纳多对水流的认识当然不止于此，他总是将流水甚至地球等关联在一起思考，那么流水是怎样运动的呢？

"任何比自身轻的东西不借助外力就不可能穿透自身。水借助热量很容易抬升自己，以稀薄的水汽形式上升至空中。水遇冷凝结，水停滞则变污浊。也就是说，热量使水运动，寒冷使水凝结，静止使水污浊。

河流的来源呢？

这些云团被风吹拂，从一个地方漂浮到另一个地方，由于密度变得太大而形成大雨降落下来。假如太阳的热量与火元素的力量添加在一起，这些云团就会被吸引至更高的空中，遇到更冷的空气，在那里形成冰，以冰雹的形式降落下来。我们还可以看到，既然这种热量能够吸引那么多水汽，形成云团并降落下来，它同样能够从山脚把大量的水汽吸引至峰顶并驻留在那里，一旦那些水汽找到山脉的裂口，就会源源不断地流淌下来，形成河流。"

下面这段文字更是显示了他对河水的长久观察。有些知识，因为时过境迁，在今天看来是那样不足为奇，就像《几何原本》一样。一些基础知识已经被普及，今人会想不透这样的著作或者说这样的知识怎能算了不起。我们不能如此评价，站在巨人的肩膀说巨人原来这样矮小。有些知识在今天不起眼，可在当时是没人或少数人才掌握的。就像思想，甚至道德伦理也一样，今天我们视为理所当然的事情，作为普世价值的观点，在过去可能是惊天动地的骇人想法。

从这样的角度去理解古人，理解列奥纳多或许更能明白他的天才之处。

"水可以表现为各种气味、颜色和味道，而它本身并不具备这些特征。水可以渗透各种有孔的物体。一旦水发怒，没有人能够抵挡，即便能够抵挡，也不能持续多久。水在快速流动的过程中，可以携带比水重的东西。借助运动或反弹，水提升的高度能够等于其下降的高度。水在快速流动的过程中，能够潜入比它轻的东西下面。

水的优势部分有时候位于表面，有时候位于中心，有时候位于底部。一部分水流升高越过另一部分水流的横截面，如果出现这种情形，流动的水的表面就会产生波浪。河岸或河床只要存在很小的障碍物，就会造成对侧的河岸或河床消失。"

在对河流进行了诸多观察后，列奥纳多用充满诗意的语言和忧患意识写了这样一段令人印象深刻的话：

"鲁莽的河水泛滥，能够造成无法挽回的毁灭性灾难，我们应当在河水造成这些恐怖的伤害之前，采取各种措施积极预防。但是暴虐的洪水泛滥，给人类造成难以想象、灭绝人性的浩劫，而人类却无能为力，面对这种可怕的浩劫，我要用什么样的语言才能表达或描述心中的苦痛？"

对河水造成的灾难感到恐惧，这或许不仅是因为一些事实，还有来自宗教信仰里的大洪水记忆，或者更早神话时代的遗存？列奥纳多为此在他的河流山脉地图手稿旁写了一首小诗：

信仰的颂扬和忏悔

洪水暴发，令其终结

摧毁城市

很多人死亡，充满绝望

找到布道者，他乐善好施

描述这座大山崩塌的原因

山崩造成的危害

雪崩

找到预言家

他的语言

这首诗平平无奇。当然，列奥纳多的才艺并不体现在文学上。不过我们这些后来者依然能从这几行小诗里看到他的隐忧——对河流不可遏止的激情背后深藏着对水流力量不可控制的恐惧。

■ 天为什么是蓝的

天为什么是蓝的？星星为什么会发光？像这样看起来似乎充满童稚趣味的问题，确实是很多人成年后就不再想起了。仿佛人们随着年龄的增长，好奇心像高原上的空气一般越来越稀薄了。

但是天才人物的标志之一就是强烈的好奇心，尤其在我们司空见惯的现象上，他们会有持续好奇发问的热情。比如牛顿被一颗苹果砸中脑袋后，他就要追问苹果为什么会落地而非往别的方向去，这才有了后面的万有引力。像这样一件看起来平凡无奇的小事，在多数人看来几乎没有发问的必要，甚至谁发问谁就显得像个傻瓜。

正如列奥纳多自己曾写过的一样，他选择永恒的事业，他就做好了清贫的准备以及被人视为傻瓜的命运。好比这个平淡无奇的问题，天为什么是蓝的？这是一个三岁孩子才会发问的问题。即便是别的画家，对色彩一样敏感的人，也许只是对蓝色进行观察，留意它色彩的变幻，而非去发问。

列奥纳多就是那个好奇心无比繁盛的艺术家，他与众不同，在成年后依然保持着难得一见的童心，当然此时的童心并不仅仅是好奇，还包括科学研究的精神。

天为什么是蓝的，这是和他的天文学研究放在一起观察思考的事情。他研究了太阳和月亮，还有星星，然后才是蓝天，以及色彩——这对他来说不是毫无关联的事物。他甚至绘制了这种天文学研究的草图，然后在草图旁留下了很多他的思考：

"太阳具有物质、形状、运动、辐射、热量和原动力，这些性质都源于太阳自身，而其自身却不会减少。

有人说，太阳不热，是因为它没有火的颜色，而是比较苍白、明亮。对于这些观点，我们可以回答，铜在融化的时候处于最热状态，很像太阳的颜色；而铜不热的时候，反而更像火的颜色。"

这是他有关太阳的记录，那么月亮呢？有很多条，我们仅仅摘取其中一部分。

"如果你想要看看，与月球明亮区域相比，被阴影遮住区域的亮度如何，你可以用手或者用一个距你稍远的物体遮住月球的发光部分。

月球本身不发光，但是月球被太阳照亮的一侧面积很大，而我们在地球上可以看到那一侧的很大一部分。月球在夜晚接受的光线是地球水体反射太阳的光线，这部分光线是朝向太阳一侧的水体反射的……

星星在夜晚可见，而在白天不可见。这是因为我们处于浓密大气的下方，而大气中充满着无数的水汽微粒，每一个微粒都是独立的，在太阳光的照射下，它们反射光线，因此这些无数明亮的微粒遮挡了星星。假如大气中不存在这些微粒，那么天空就会在黑暗的背景下展示出那些星星。

假如你观察星星时，把光线都摒除掉（你可以采用如下方法：用一根细线的针尖在纸板上戳一个小孔，把小孔贴近眼睛跟前，从小孔观察星星），那么你就会看到那些星星非常微小，似乎没有什么东西比它们更小了。它们之所以那么小，是因为它们与眼睛的距离极其遥远，事实上，它许多都比我们这颗带着水的星球大很多倍。现在请你思考一下：假如我们这些星球处于那样远的位置，看上去会怎样？然后再思考一下：在黑暗夜空散布的那些星星之间——在经度与纬度两方面——可以容纳多少星星？"

我们只要想一想，这些令人惊叹的内容是来自文艺复兴、来自遥远的几个世纪之前的人，我们就很难不对列奥纳多表示敬佩。他的天文学研究不仅仅是为了满足他对探索宇宙奥秘的好奇心，还有更为实际的心理动机，那就是本文开头前提到的童稚之问——天，为什么是蓝的。因为对这个问题的研究以及答案，有助于他在绘画领域里对色彩的把控。

列奥纳多的解释是这样的：

"我认为天空的蓝色并不是空气本身的颜色，而是由温暖的湿气所引起的。水蒸发成无法察觉的微粒，它们吸收了照在背面的阳光，于是在巨大黑暗的背景下发出光亮……蒸汽微粒吸收了阳光，让大气呈现出蓝色。"

因为他探索了天文学的奥秘，懂得了天为什么是蓝色的。那么在绘画风景方面，他就有了更为细致入微的观察：

"如果你想在风景画中表现冬天的景色，就不应当把山脉画成蓝色，我们在夏天看到的山脉才呈现蓝色。

从很远的地方眺望群山，那些本身颜色最暗的山脉看上去显得最蓝，假如叶子被去掉，那些本身较暗的树木将会呈现较蓝的色调。因此当叶子掉光的时候，树木的颜色就会呈现灰色，而有叶子的时候，树木就呈现绿色。绿色本身比灰色更暗，所以从远处看，绿色相应地比灰色显得更蓝。

大气蓝色的清晰度可以解释为什么风景在夏天比冬天更蓝。"

没有什么研究是"没用的"。当我们总是被催赶着要做高效的有用之事时，或许可以想想列奥纳多，想想他那些显得毫无实用价值的研究——最终都丰富了他的精神世界，并用既有创造力的方式，为后人留下了珍品。

■ 植物学研究

假如我们还能记得列奥纳多那两幅杰作《岩间圣母》里的植物，便会想起在巴黎和伦敦之间，相距的远非地理空间的差异，还有来自"自然主义"与"科学主义"的差异。

因为伦敦所藏的那一副画是团队合作，它在表现环境风景方面就出现了参差不齐的现象，尤其是在植物学方面。它失去了巴黎那幅画的真实效果，以及它所代表的强烈隐喻、积极的象征意义。它更像是一幅随意选择的植物大杂烩，而非精挑细选，既符合画面寓意又符合自然规律的花花草草。

之所以会出现这种截然不同的效果，当然是因为列奥纳多的合作者们在风景和植物的关系上，没有他来得博学。他们欠缺植物学方面的知识，因而在绘画的时候犯了极为明显的错误。

列奥纳多这样要求画家们：

画家应当这样描绘风景：树木一半处于阳光下，一半处于阴影中；

但是如果云团把阳光遮住，效果则更好，那样的话，树木被天空的普遍光线照亮，同时又被地面的普遍阴影映衬；这些树木距离树干中段以及距离地面越近的部分，相应地就越暗淡。

他的观察始终不离光与影的范畴——以及植物在此过程中的变化。在美术史上，总有人说印象派画家是最注重光影变化的，也有人会提及荷兰画家伦勃朗的光。但是人们似乎忘记了，列奥纳多一直在研究自然环境的光影变幻。

"与一天的其他任何时间相比，在晴朗的正午阳光下，风景具有更加精美的蔚蓝色调，因为空气纯净，不含水汽。透过这样的空气观看风景，就会看到那些树木的外围呈现一种漂亮的绿色，而越往树干中段，阴影越深。更远处，在介于你和树木之间的大气空间，如果远处有黑暗的东西做背景，这部分大气空间看上去更漂亮，不过最漂亮的还是蔚蓝色。

风景中的树木处于你与太阳之间，或者你处于树木与太阳之间，前一种风景看上去要漂亮得多。这是因为那些面向太阳的树木靠近树木末端的叶子看上去呈现透明性，而那些不透明的叶子——即位于末端的叶子——反射太阳光线；由于没有其他东西遮挡，那里的阴影很暗。

当你置身于树木与太阳之间时，那些树木只会展现它们的光亮和自然色彩，而这种色彩本身并不非常强烈。此外你还可以看见一些反射光线，而这些光线的背景与它们本身在色调上相差无几，所以并不显眼。如果你所处的位置比树木的位置低，那么你还能看见太阳照射不到的部分，那些部分都很阴暗。"

这样的内容在他的笔记中还有很多，他为此绘制了不少植物草图，其中一幅更是显示出他喜欢关联性思考的特点。那是一幅圣星百合，百合的根部形成水流的涡旋状态，当然也和他热爱的卷发如出一辙。

他还将他一贯的实验精神用在了植物学的研究上。

"我曾经做过一个实验：给一棵葫芦树只留下一个很小的根，用水给树提供养分，这棵树最后结出了大约 60 个丰硕的果实，这在长葫芦物种中算是果实较多的。我孜孜不倦地研究它的生命来源，发现原来是夜晚的露水从葫芦宽大叶子的根部渗透进去，为葫芦提供充足的养分，由此养育了这棵树和它的孩子，更确切地说，养育了繁育下一代的种子。

关于当年生的最晚树枝上的叶子，有一条规律：它们在同一根树枝上沿着相反方向生长，即，叶子环树枝生长，其方式是上面第六片叶子恰好在下面第六片叶子之上，其方向是如果一片叶子长在它同伴的右侧，另外那片叶子就长在左侧。

在接下来的一年，叶子的作用就像乳房，给树枝或果实提供营养。"

此外，他还观察了植物与风之间的关系：

"由于树枝及其分叉发生弯曲而使得叶子垂向地面，这些叶子被阵阵风吹拂而呈水平方向，它们的透视角度也颠倒过来。假如那棵树处于你和来风的方向之间，那些原本朝向你的叶子保持它们的自然状态，而另一侧那些叶子的叶梢原本指向与你相反的方向，被风翻转过来，现在也指向你。"

有关植物和光线的关系，他如此说道：

"关于暗色叶子的光线，如果这些叶子的颜色最接近于大气反射在它们上面的颜色，那么它们的光线最暗，这是因为下面的事实：被照亮物体的光线与黑暗融合，本身就会形成一种蓝色；而大气光线反射在这些叶子光滑的表面也会形成蓝色，从而加深了叶子原本呈现的蓝色。"

植物叶片本身的颜色与光线之间的关系：

"黄色的叶子尽管也反射大气中的光线，但是它们反射出的颜色并不呈现蓝色；由于我们在镜子中看见的物体都会带有这面镜子的部分颜色，所以大气的蓝色经过黄色叶子反射时呈现绿色，而蓝色与黄色融合就会形成一种最鲜艳的绿色，因此具有光泽的亮黄色叶子就会呈现浅绿的黄色。"

在植物学的研究上，他自动对焦了艺术——雕塑感。

"因此，那些朝向天空的枝条具有的阴影和浮雕感都很小。而那些朝向地面的枝条从阴影的黑暗部分向外抽枝，越是接近枝条末端的地方颜色越浅，因为这些枝条在阴影背景中其亮度逐次增加，所以呈现很强的浮雕感。"

光、影、风，无不囊括。我们完全有理由相信，正是这些持久的观察，才让他的画作中的风景与植物显示出灵性与真实可贵的融合。

第二十章

罗马，罗马！

一所远离政治纷扰的房子

在大环境里，个人的力量是微乎其微的，尤其当你只是个手中无权的人物时。这时遇到波谲云诡的政治风云，想要全身而退的最好方式也许是"隐居"。

适逢战乱，人的命运往往如草芥，随风飘荡，自己完全做不得主。这时假如能有一间远离政治纷扰的房子，那真是上帝的恩赐，人间天堂了。

欧洲的历史纷繁复杂，他们有着文化的亲缘关系，以及种族的融合等"相爱相杀"的历史。至于意大利和法国之间更是如此，军事上法国征服意大利，文化上则是意大利征服法国。从法国国王到各路贵族以及后世的艺术家，很多人都是从意大利古老的历史文化中汲取养料。

意大利留给世人的印象似乎也是如此，一个艺术的国度，它的军事上可以用惨不忍睹来形容。文艺复兴时期的意大利，邦国林立，各怀鬼胎，各有各的小算盘，虽然彼此之间有政治联姻或文化经济往来，但依然无法形成一个强有力的军事力量。至于列奥纳多所热爱的米兰，自然也是如此。

列奥纳多是个多少有点实用主义的人，在政治上甚至可以说有点"投机"分子的嫌疑。当然他的所谓"投机"不是像马基雅维利那样谋取政治利益，他所想的无非是为自己寻找一个得力的赞助人。他本身不是一个对政治有野心和兴趣的人，但是为生存，作为一个古典时代的艺术家，没有自由的艺术市场，他必须选择赞助人。

为此他在佛罗伦萨的时候，算是半个美第奇家族赞助的艺术家。所谓半个是指他虽然不受重视，但他的项目委托多少和这个家族有关。等他到了米兰，他自然而然地投奔米兰公爵，成为斯福尔扎宫殿里的宫廷艺术家。当米兰发生动乱的时候，斯福尔扎家族丧失对米兰的控制权后，他并没有选择"忠诚"于这个家族——这在意大利是一件很正常的事情，这对长期处于中央集权国家的人来说，理解起来可能会有点费解。他转而投靠了切萨雷·波吉亚，一个暴虐的军阀。

当米兰的控制权落到法国人的手上，他又投靠了法国总督查尔斯。不幸的是，查尔斯于 1511 年去世，列奥纳多再一次失去了可靠的赞助人。他的一生仿佛都在寻找一个稳定可靠的赞助人，可惜令人遗憾的是，总也不能如愿。

这时时局动荡，他过去的赞助人——斯福尔扎家族杀了个回马枪，正如美第奇家族一样，他们重新掌控了对这座城市的控制权。面对斯福尔扎家族，列奥纳多选择了回避，他不像马基雅维利。马基雅维利在佛罗伦萨的时候，因见到重掌政坛的美第奇家族，他就写了那本著名的《君主论》，并表明献给美第奇家族的掌权人，然而他并没有因此受到重用。当然，这是另外的事了。

想要避开政治纷扰的列奥纳多，并没有走远，他只是去了几十英里之外的梅尔奇别墅。那是一栋宏伟奢华的别墅，位于峭壁之上，方便观看远处的风云动荡。

这个距离应该说十分合适，既能远离政治旋涡的裹挟，又能相对及时地获得一些必要资讯。这座别墅不仅成为列奥纳多的"战时"避难所，也成为他观察米兰的望远镜。1512 年的大部分时间，他都住在他的养子梅尔奇家。在这里，他和梅尔奇一家，以及萨莱一起生活。说起来，关系真有点复杂。

他并没有因动乱选择远走他乡，或重回佛罗伦萨——佛罗伦萨已经是他一个不愉快的记忆。他在这座别墅里潜心进行他的科学研究，包括解剖、地质学和流水力学等问题。

当然，他也并非完全沉浸在科学研究的世界里。梅尔奇别墅如一个政治望远镜，他始终在等待寻找那个命定的赞助人。

■ 肖像往事

许多画家的一生，除了会绘制身边的人，有时也不免会画自己，尤其那些绘制人物肖像的艺术家们。列奥纳多当然也属于这一类，但他作品并不多见，说到为自己绘制的肖像，列奥纳多留下的就更是罕见了。一幅存疑的草图，以及一幅苍老智者的形象，仅此而已。与比他稍晚一个世纪的荷兰画家伦勃朗相比，他的自画像数量简直是寥寥可数。他不像梵·高、埃贡·席勒对自己的肖像那样孜孜不倦。他似乎有意忽略自己的形象，包括自己的事迹——这一点可以从他的笔记里很少留下私人生活的印记看出来。

至于我们印象中的他，最著名的要算珍藏在他的故乡佛罗伦萨乌菲齐美术馆里的一幅，以及他忠诚的追随者，来自乌尔比诺的大师——拉斐尔在《雅典学院》里绘制的形象。

第一幅画，上面的他面容俊秀，一头金色的长发披肩，此外他还留有长长的胡须。他的目光坚定而略感忧郁，表情严肃之中透着一股笃定和温和。他戴着一顶黑色的八角帽，这是后来的画家根据当时流传的一些列奥纳多的肖像画创作的。

第二幅画，《雅典学院》是人所共知的杰作。拉斐尔以当时的学者艺术家为模特，绘制了一幅人类精英畅享思想与智慧的画面。在这幅画里，他再现了古希腊一群智者的状态，至少是他想象中的状态。这画里有米开朗琪罗，也有列奥纳多。列奥纳多位于画面中心位置，他身着玫瑰色长袍，眼神笃定，右手手指指向天空。没错，他的形象就是哲学家柏拉图，站在他身边的是哲学家亚里士多德。他们二人昂首阔步，自信又旁若无人的姿态十分引人注目。

画家拉斐尔深深爱戴列奥纳多，因此在绘制柏拉图的时候自然而然想到了他。瑰红色长袍，这几乎是列奥纳多的标志。这幅画中的他——尽管此时他已经化身哲学家柏拉图，完全是一幅充满智慧的贤者形象，他年老但充满活力，金色的长发也是列奥纳多的标志之一。不过此时他已经谢顶，青年时的俊美容颜不再，但这样的形象更像一位哲学家，人们不太信任一个长相英俊的青年人会是位满腹思想的哲学家。

其实这形象并不是孤例，列奥纳多自己就绘制了一幅。

在一张折页画稿上，他孤独地坐着，一条腿叠加在另一条腿上。一只手托着自己的脸颊，他注视着前方——因为是折页，我们不知是因为巧合，或者是其他缘故，他的前方是他绘制的水流草稿。水流看起来像极了卷曲的头发，这是他的爱。而他的模样显得苍老极了，完全不像他当时的年龄，六十岁左右。满脸皱纹，谢顶，头发稀少。但他的孤独和忧伤肯定不是因为衰老，以及与此相关的容貌衰减。他注视着流水，究竟在想些什么呢？使他孤独和忧郁的内容又是什么呢？我们这些人只能根据前人的描述，来进行推测。

也许是对逝去的光阴感到惆怅，也许是对动荡的时局略感叹息，还可能是为自己的事业，甚至是老境将至的归宿……这画面很容易让我们想起《论语》里的一句话：子在川上曰，逝者如斯夫！

年华老去，但却换来了智者的容貌。

他为什么要把自己画得如此苍老呢？显然远胜过他的实际年龄，胜过同时期的另一幅他的肖像，那是他的学生兼养子梅尔奇为他绘制的。在梅尔奇的笔下，他依然保持着温和优雅的神情，面容光滑，长发披肩，那是一张侧脸像。

学生的作品也许是想绘制自己心中老师"不老"的样子，而列奥纳多对自己显然就不那么"心慈手软"了。从这点来说，也是大师的胸襟与气魄决定的。多数人都希望自己青春永驻，希望自己的形象比较理想，比真实的自己美好年轻，但是列奥纳多并不如此。

所以，别人只是别人，是一个普通人。大师，还是大师。

在有关他的所有肖像中，最为卓越的还是出自大师自己的手笔，那就是《都灵肖像》。之所以叫这个名字，完全是因为这幅画现在珍藏在意大利的都灵，这是一幅无与伦比的自画像。

在这幅画里，他更加苍老。头发稀疏，眉毛很长——如同我们常说的寿眉，嘴唇紧闭，略微向下，脸上的皱纹简直可以用沟壑纵横来形容。

但这张画最令人难忘的乃是他的眼神，只要我们看到他的眼睛就再也忘不了。在画中，他的目光并不和我们这些观看者对视。那是一张标准的列奥纳多式样的肖像画——因为他的脸微微侧着，那个倾斜的角度很容易让我们想起《蒙娜丽莎的微笑》或《抱银鼠的女子》等。他的眼角皱纹密布，他的目光注视着无名远方，这是一幅沉思者的形象。

或许，这原本就是他的形象与气质，又或许这多少表达了列奥纳多对自己的期许——一位饱经沧桑的智者。

一位同为 16 世纪的意大利画家洛马佐，他曾经这样写道："列奥纳多有长长的头发、睫毛与胡须，完全体现了一位真正求知者的高贵，如同法力无边的赫尔墨斯与普罗米修斯。"显然，他赢得了同行的赞誉和崇敬，人们愿意将他看作英雄人物与智者，这正是众多肖像画所展示的形象。

■ 寻求新的赞助人

面对风云激荡的政治时局，列奥纳多始终在寻找一位可靠的赞助人。这位赞助人至少要满足两个基本条件：热爱艺术并富有。

现在，他的机会来了！罗马在向他招手，哦，帝国的心脏！虽然在列奥纳多的时代，意大利还是分裂的公国林立的状态，但罗马，谁能不爱呢？那是罗马教廷所在地，是统治万民灵魂的所在地，其影响又何止局限于罗马一地呢？

召唤他的不是别人，正是教皇本人——利奥十世。此人不是别人，正是来自列奥纳多所熟悉的故乡——佛罗伦萨美第奇家族的一员。

当米兰的控制权重回斯福尔扎家族的手中时，佛罗伦萨的控制权在经过一番动乱厮杀后，也重回美第奇家族的怀抱。当初被仇家厮杀到走投无路的美第奇家族的兄弟俩，在远走佛罗伦萨后又杀了个回马枪，抢回了佛罗伦萨的王冠。

他们都是"伟大的洛伦佐"的儿子，一个名叫朱利亚诺，一个名叫乔万尼。乔万尼是个对上帝毫无虔敬之心的人，他之所以要野心勃勃地当上教皇，为的无非是吃喝玩乐等世俗享受，还有对他的弟弟朱利亚诺的支持——从此，佛罗伦萨就有了来自罗马教廷的支持。这种支持对于一个信奉天主教的国家来说，其重要性不言而喻。这样美第奇家族等于从精神到世俗方面，都有了控制权。

乔万尼是个喜欢奢侈享受的人，当然，他的弟弟朱利亚诺也同样如此。或许这来自他们那良好的出身，也有可能就是天性如此。他们的奢侈享受不仅表现在饮食起居方面，还表现在对艺术投资的豪掷千金方面。这种热爱艺术又出手阔绰的个性，对列奥纳多这样的艺术家来说简直有如福音。

这对兄弟俩将弥补"伟大的洛伦佐"——他们的父亲过去对列奥纳

多的漫不经心。教皇利奥十世向伟大的艺术家发出邀请。

于是，1513年的9月，列奥纳多和随同的萨莱、养子梅尔奇等人一起离开米兰，前往罗马。他的随同远不止这几个人，以至于教皇不得不为他们安排四张餐桌。列奥纳多的经济压力可以想象，这些人全靠他养活。

他之所以离开米兰，选择罗马，个中原因我们无法得知，只能猜测。除了教皇提供的稳定薪资之外，也许他想换个地方，换到一个有众多艺术家和科学家聚集的地方。就当时的情况来说，必须承认罗马的条件远胜于米兰和佛罗伦萨。

艺术家总要与同行进行交流，这一点列奥纳多无比清楚，从他过去喜欢和不同领域的人讨论研究的经历来看，罗马无疑在这一点上吸引他。再说，此前他就熟悉的建筑师布拉曼特也在罗马。

教皇为大师的到来提前做了安排，他和他的随从人员将居住在宏伟美丽的美景宫。为此，在他到来之前，就有建筑师按照教皇的旨意对他的居所进行修缮改造。

美景宫位于一块高地上，在那里，建筑师布拉曼特已经设计了一个带有观景露台的庭院。这是一座恢弘而美丽的别墅，出自波拉约洛之手。

这座别墅当然住的不止列奥纳多一个艺术家，这里可以说是集中了教皇的艺术家朋友们。朱利亚诺和乔万尼兄弟俩将他们所欣赏的艺术家、诗人、科学家等全部聚集在这里，好让他们集中为自己服务。

这种知识精英的聚集，毫无疑问是利于他们的竞争和交流的，而我们的大师列奥纳多向来喜欢这样。他广泛的爱好和兴趣，常需要他和不同领域的学者交流，美景宫满足了他的需求。

此外令人难以相信的是，美景宫里竟然还有一处自然保护区。在这里，有世界各地来的珍稀植物。如果我们还能记得列奥纳多的植物学研究，就能想象他住在这里多么舒心了。

他在这里又搞起了从前在米兰斯福尔扎宫殿里的"恶作剧"，借此来愉悦众人。当然，最重要的取悦对象是教皇。

根据瓦萨里的描述，他曾经用蜡制作各种动物，然后往里面吹气，这样动物就能飞起来。这种新奇小把戏，对列奥纳多来说还不是手到擒来？但是这种新鲜玩意儿却能让教皇笑起来。

还有一次，一个种葡萄的人给列奥纳多看一只相貌奇特的蜥蜴。列奥纳多恶作剧的心又起来了，他用其他蜥蜴的鳞片做成翅膀，然后将它固定在那只蜥蜴的身上。仅仅如此是不够的，他又给它装了眼睛、触须和角，这样一个四不像的怪物就诞生了，它走起路来翅膀颤动。

他的朋友们过来的时候，全被这个怪物给吓跑了。

隔了几个世纪，人们也能根据这段文字想象到列奥纳多见朋友们落荒而逃时的得意。仿佛一个孩子的恶作剧得逞后，他因同伴的落败和自己的成功而兴奋。

有时列奥纳多会展现出少有的幽默，这和我们印象里的他很不一样。就像他在一封写给自己同父异母的弟弟的家信中所表现的那样，在遗产争端解决后，他和自己的亲人们的关系显然得到了缓和。他的那位弟弟刚生了个儿子，于是他就去了信件表示祝贺。那时他正在罗马，为接近美第奇家族而努力。

"亲爱的弟弟，我从你不久前给我的来信中得知你新近有了一位继承人，我想你一定十分高兴。过去我一直都称赞你的谨慎，不过现在看来我的判断有失准确，因为你给自己创造了一个虎视眈眈的敌人。他一定会竭尽所能地追求自由，当然，这一切都要在你死后他才能实现。"

列奥纳多在罗马的日子并不长，原因无它。依旧是他那无法专注完成项目的个性，以及动荡不安的时局。不过，条条大道通罗马。或许，一条崭新的道路就从罗马铺开去呢。

条条大道通罗马

列奥纳多专注但却很容易走神的个性让他付出了代价，他在罗马的时候远不及其他艺术家那样废寝忘食地工作。比如米开朗琪罗和拉斐尔，文艺复兴三杰中，应该说列奥纳多是兴趣最为广博的一个，但这对赞助人来说简直是致命的。

米开朗琪罗绘制西斯廷穹顶的时候，时常一工作就是一整天，而我们的列奥纳多对绘画却总也提不起兴趣。他迷恋上了制造镜片的工艺——这很容易令人想起为了谋生而磨镜片的哲学家斯宾诺莎。

在罗马，他和以往一样，对工程学之类的科学比艺术更有兴趣。教皇委托给他的任务，非常遗憾，从前在佛罗伦萨的那一幕又再现了。因为绘制作品需要提炼清漆，而他在提炼清漆的过程中陷入没完没了的循环往复。这种做事方式自然让教皇很难满意，教皇也开始对他抱怨了起来，甚至说他无法完成任何事，因为他还没开始就预先想到结果，总是在那里反复犹疑。

在当时的形势下，教皇的位置也不是那么稳固，因为法国与意大利反反复复的政治关系都对他有影响。尤其法国又一次征服了米兰，将控制权重新夺回，这就让利奥十世不得不再次考量和法国的关系。

至于他的弟弟朱利亚诺，在1515年的时候迎娶了一位法国公爵的女儿，显然这是政治联姻，出于整个美第奇家族利益的考量。但是很不幸，这位喜欢享受但有久治不愈肺病的政治家，第二年就去世了。

这对整个家族来说无疑是个噩耗。

更令人不安的事情在德国一个小城发生了，那里有个名叫马丁·路德的人，企图通过宗教改革，威胁教皇的威严，甚至撼动整个天主教的大厦。当然，这是在一年后才发生的事情，此时的教皇想到的还是法国国王。不过即便是后来在德国发生轰轰烈烈的宗教改革运动，在罗马从教皇到整个贵族阶层，依旧没有将这个"乡巴佬"的威胁放在眼里。因为与意大利相比，德国可算是"蛮夷之地"，没有文化。至少在当时，与罗马相比，简直有天壤之别。

而痴迷工程学的列奥纳多，看起来似乎又要再一次失去美第奇家族对他的宠爱了。他在罗马没有完成一件像样的作品——如今，罗马的国际机场却被命名为达·芬奇机场，这真是一件令人莞尔的事情。假如列奥纳多泉下有知，也许会对自己的一生，尤其在罗马的时光表示无悔吧。

他只是没完没了地研究凹凸镜，而他对光学的这个兴趣起源于青少年时代的一次工作。当时的他还在韦罗基奥的作坊里做学徒，整个作坊承接了为圣母百花大教堂制作铜镜的工作。这件事对他影响很深，以至于到了晚年在罗马他还是念念不忘。为此他绘制了不少草图，关于如何制造镜片，从熔炉到模具到机器，样样俱全。

另一方面，教皇虽然对他的工作成果不甚满意，却在随后的寻访活动中，让他作为随行人员一起跟着教皇一干人等，从佛罗伦萨一直到博洛尼亚。

他又一次回到了他的故乡，在这里教皇依旧能看见他尚未完成的《安吉亚里之战》，这真是一件令人尴尬的事情。因为教皇也是佛罗伦萨人，来自尊贵的美第奇家族，当他们回到这座古老的城市时，受到整个城市的热烈欢迎。那些城里的尊贵人物们，大多都来自富有的或高贵的家族，他们盛装出行，和众多的老百姓一起列队欢迎利奥十世一行人。

美第奇家族是个热爱艺术和世俗生活的家族，但缺乏虔敬的宗教情感，即便有教皇诞生也依旧如此。这让他们领导下的佛罗伦萨热衷各种娱乐活动，庆典就是其中之一。

教皇在佛罗伦萨做了短暂的停留，他的目的地并非故乡，而是博洛尼亚。因为在那里，有他和新上任的法国国王弗朗西斯一世的秘密约定。

他们相约博洛尼亚，在那里要对各种政务进行商谈。这位年纪轻轻的法国国王将成为列奥纳多的一生中最后一位艺术赞助人，也是最好的一位。

这位赞助人来得太晚了。仿佛列奥纳多的一生都在寻找的依靠，终于拨云见日般来了。当他在罗马并不怎样得意的时候，大概也没有想到自己的晚景将和遥远的法兰西联系在一起。

正是通过这次随行，他才得以结识了弗朗西斯一世。

像他这样一位誉满天下的大师，总是无法如期完成他人的委托项目，自然也包括教皇的委托，假如教皇利奥十世能够提前预见到这个结果，不知作何感想。他是否还会带着他出行，又或者他是否会对列奥纳多的科学研究予以支持和尊重呢？

然而，这一切都只是假设。

历史，是不容假设的。

第二十一章

神秘的手指

■ 诱惑还是救赎

列奥纳多和米开朗琪罗的身上有特别多令人着迷的特点，他们又大相径庭。列奥纳多偏爱的对象，倾向于平和与优雅，米开朗琪罗倾向于雄健的男子。

更何况，米开朗琪罗有着狂热的宗教激情，这一点在列奥纳多的身上是欠缺的。他始终缺乏虔敬的心，这从他的作品上也能感受到。与同时期的艺术家相比，列奥纳多没那么热衷宗教题材的画作——有，也没有虔敬，他始终喜欢的是世俗肖像画。

与绘制"神"或"圣"相比，他更爱绘制"人"。从这点来说，他确实是一位地道的"人文主义者"，是一位典型的文艺复兴人。有时他绘制的宗教题材人物画，也难以激发观看者的"虔敬之心"——正如著名的艺术史家肯尼斯·克拉克所言，他在观看了他晚期所绘制的两幅性感迷人的圣约翰后，忍不住说列奥纳多笔下的圣约翰形象简直是亵渎背离了福音书中激昂的禁欲主义。

他颠覆了人们的认知，对神圣人物的印象。

这两幅圣约翰，后来有一幅画被人改成了酒神巴克斯。大约也是因为人们"受不了"他作品里强烈的情欲气息——而这情欲气息竟然是通过圣徒的身体散发出来的。

何其大胆！

多数人，即便是从不信教的人，在晚年多数也会有种神秘主义的宗教倾向，但是列奥纳多恰恰相反。好像他已经知悉了人类的秘密，越年老，在越是明白自己时日无多的情况下，他变得越发自由了。

如果说过去他还尚需小心翼翼地维护着什么，隐藏着什么，现在他只需要对自己坦诚，包括他的画笔，必须完全袒露他的思想。他不会为取悦任何人而作画。

两幅圣约翰，我们所能见到的是一位雌雄难辨的扑面而来的青春与肉欲色彩的男子。美丽的卷发，这是必须的。两幅画都有那个神秘的手指，手指指向无名之地，不知是诱惑还是救赎的方向。

《施洗者圣约翰》，他的双眼迷离，充满挑逗的双唇微带笑意，他的身体微微侧着，是列奥纳多喜欢的姿势。他壮硕的上身，与其说壮硕倒不如说是丰满，一种近似女子的丰满。他的一只胳膊自然地放在胸前，另一只胳膊抬起，一根手指指向虚空。手指好似某个晦暗不明的暗示，也仿佛来自某种神意。正是这种暧昧的毫不清晰的态度，引发了后世各种争议。

批评的人居多。因为人们见惯了那些神圣人物的肖像，或苦行或悲天悯人，总之没有人间的气息——也就是脱离了"低级趣味"，没有世俗味道。地地道道的神性，完完全全的"神品"。因此后世的批评家会认为，列奥纳多的作品破坏了宗教题材的神圣性和精神性。

这也是为什么肯尼斯·克拉克会批评他破坏了宗教虔敬之心的缘故。那么，这些被指责破坏了礼仪规范的晚年作品，是否确实是某种暗含堕落的诱惑呢？

其实列奥纳多并不是唯一一个这样做的艺术家，意大利著名的雕塑家贝尼尼也是如此。他为某个教堂雕刻的雕像上面，一位受刑的修女半张着嘴唇，一旁的天使掀起她的裙摆，她露出了令人窒息的胸部。很难说这是灵性的，还是肉欲的。

或者倒回来，我们再看列奥纳多的作品，也许更能理解他的做法。人，就是一堆无用的热情。这是哲学家萨特的话。而列奥纳多在圣约翰这个神圣人物身上展现了神性与灵性的合一，雌雄的合一。因此他的人物眼神迷离，充满诱惑，姿态诱人，但又完全不能用情欲所描述。

这才是真正迷人的地方。

■ 列奥纳多的标志

每个艺术家都有独属于自己的标志，或者说标签。这些标志虽然有简化大师的嫌疑，但是确实也为指出他们的特征贡献了形象化的符号。

至于列奥纳多，他的作品中最为标签化的标志应当说有两个——神秘的微笑与"无名手指"。神秘的微笑以《蒙娜丽莎的微笑》为最。说到无名手指，在他的很多作品里，总是一只手的食指指向无名之地，这绝对是他的标志性动作，以至于拉斐尔在《雅典学院》中以列奥纳多为模特绘制柏拉图的时候，也用一只手指着天空。

在列奥纳多并不算多的作品中，这种带有手指指向无名之地的画作可不能算少，其中也包括一些草图。他有一幅优美无比的草图，名叫《手指前方的女子》。画中人恬静优雅，身体侧转，一只手指向前方。但是前方是哪里，我们无从得知。但我们根据画中女子高贵的神态，有理由相信她几乎是一位天使，为我们指明神秘的道路。列奥纳多的晚年似乎一直"纠缠于"这个神秘手势，他反复地画，不厌其烦地重复，让它在不同的画作间出现，甚至在他的学生草稿中也同样如此。

人们有理由相信，那一定是他精心指导的结果。

而另一幅被认为是他的学生绘制，由他"润笔"的草图《天使的化身》。虽然名叫"天使的化身"，可是画面看起来却几乎像"恶魔的化身"。

与前面那幅宁静美好的女子相反，这幅画里的人看上去躁动不安，身体的姿势毫无疑问是列奥纳多式样的。头发也是卷发，他邪魅的眼睛充满了肉欲的诱惑。一只手臂高高举起，上半截手臂粗壮如男子，后半截却光滑细弱，看起来像个女子。列奥纳多肯定是不会犯下如此"低级"的错误的。

他的上半身有凸起的乳房，这样他看起来更像个女人。这样充满诱惑，甚至带着几分色情意味的草图，让我们再一次回到了列奥纳多痴迷的雌雄同体，灵与肉的融合。

在列奥纳多的作品和理念里，性别以及灵魂和肉体不再那样泾渭分明。这一切仿佛他的晕涂法，是渐进而和谐的。如今我们再看这幅草图，令人尴尬的地方不在于乳房，也不是那错误的胳膊和手指，而是欲盖弥彰的色情意味。

提到神秘手指，我们就不得不提及他另一幅被改成罗马酒神巴克斯的画作。这幅画在 1625 年的法国枫丹白露皇室艺术收藏目录中被记录为圣约翰画像，但是半个世纪以后，它的名字已经被人悄然换成"风景中的巴克斯"了。很明显，人们难以接受一个充满性欲气息的圣徒。

这幅我们现在能够看到的被改动的圣约翰，或者说酒神巴克斯，与另一幅《施洗者约翰》同中有异。相同的是雌雄同体的人物，魅惑的表情，神秘的手指，丰满的肉体。

列奥纳多作品中的很多人物都以萨莱为模特，包括草稿中一些俊美的少年。在这幅画里巴克斯从圣徒化身一位异教气质的神，他那一身诱人的肌肉以及俊秀的脸，也就不再成为争议的中心了。

画中人坐在一个凸出的岩石上，左腿叠在右腿上，左手握着酒神杖，右手指向无名的暗处。原本是裸体的圣约翰，此时化身酒神巴克斯，他的腿上也就多了块遮羞的豹纹布料。

这幅画不同于《施洗者圣约翰》，后者没有丝毫风景，而巴克斯则是"风景中的巴克斯"。当然，巴克斯的微笑表情也没有后者那样充满魅惑。

但是那个令人不安的手指，究竟指向什么呢？

"拯救或逍遥"？神意的方向？世俗享乐的道路？列奥纳多没有说，而这正是大师高明的地方。"一千个人心中有一千个哈姆雷特"，于列奥纳多的手指来说，亦是如此。

第二十二章
《蒙娜丽莎的微笑》

■ 谁是丽莎

列奥纳多最富盛名的一幅杰作——也许，还是中西美术史上最为著名的杰作之一。毫无疑问，《蒙娜丽莎的微笑》早已载入我们共同的文化基因，成为人类共同的文化记忆之一。

每年，来自世界各地的人们涌向巴黎，人们鱼群般奔向卢浮宫——不管是附庸风雅的人们，还是真心热爱艺术的人们，似乎每个人都有这样一个基本心理——去卢浮宫，看《蒙娜丽莎的微笑》。有人为一睹芳容，专程飞往巴黎。即便不是因为蒙娜丽莎，也会在内心为她留下一个重要位置。

毕竟，《蒙娜丽莎的微笑》是卢浮宫的三大镇馆之宝之一。

比起另外两件镇馆之宝，《断臂的维纳斯》和《胜利女神》，显然《蒙娜丽莎的微笑》名气更大，且有更多"令人失望"的理由。没错，令人失望，这是真的。《蒙娜丽莎的微笑》曾经被评选为世界上最令人失望的"景点"之一。

理由说起来很令人捧腹。那些来到巴黎的人们，不在卢浮宫门口排起了令人恐怖的长队，为的就是能够一睹她的芳容。据统计，卢浮宫每年接待上亿游客，其中每一千万游客中，就有八成左右的人是直接冲《蒙娜丽莎的微笑》而来。但是他们中的多数人对《蒙娜丽莎的微笑》缺乏基本了解，仅从印刷品上大概记得丽莎的微笑。当他们经过长久的跋涉，终于抵达丽莎的面前——却发现他们要隔着几米远的玻璃，观看画幅如此小的《蒙娜丽莎的微笑》！且因为排队人数众多，多数人在这幅画面前的停留时间，不超过一分钟。

飞很多个小时，最后和蒙娜丽莎在距离三米远的地方，相视微笑一分钟，这令多数人大失所望。

但这就是蒙娜丽莎的魅力。赋予她如此魔力的列奥纳多，绝对想不到自己一生的杰作基本都留在法国，而非意大利。这从另一个层面来说，可算作法国对艺术大师的礼遇，得来的意外"回报"。

著名的艺术史家肯尼斯·克拉克在评论这幅杰作时，曾这样称赞道：科学知识与绘画技巧，列奥纳多对自然的痴迷与对人物内心的洞察力全部融在其中，他将这几者平衡得天衣无缝，以至于我们几乎意识不到它们的存在。

这是无上的赞誉。当然，列奥纳多与蒙娜丽莎都值得如此。

现在该回到究竟谁是丽莎这个问题上了，曾有人猜测她是某位贵族夫人或美第奇家族的一位情妇，但是似乎这都不是答案。比列奥纳多稍晚一点的艺术史家瓦萨里，有可能见过这幅杰作——至少他见过萨莱，并见过画中人。在他的笔下，他是这样解释的：

列奥纳多为弗朗切斯科·德尔·焦孔多绘制一幅他妻子蒙娜丽莎的肖像。只要你看一眼这一幅杰作，就能理解艺术能多么真实地再现自然。她的一双眼水灵灵地放光般活灵活现地望着你，她的双眼周围泛着粉色和珍珠色的光芒，还有那美丽的睫毛，若没有列奥纳多精湛的技艺，这一切简直无从谈起。

她的鼻子红润而柔软，鼻子优美如生；她的一双唇微微张开，红唇的色彩与脸上的肤色是那么和谐，使人以为那不是颜料，而是真实的肌肤。而喉部凹陷的地方，如果你观看仔细的话，几乎能看到脉搏的细微跳动。

那么这位焦孔多夫人——丽莎究竟是何方神圣呢？能请得动大名鼎鼎的艺术大师为她作画，并且还一不小心就将她画成东西艺术史上最不朽的形象。她的双眸将永远闪耀，她的红唇将永远动人，而她的微笑将持续诱惑未来的人们。

《蒙娜丽莎的微笑》这幅画，列奥纳多大约在 1503 年左右开始绘制，此后他一直将这幅画随身携带。经过米兰、佛罗伦萨、罗马、法兰西，可以说，丽莎陪伴了列奥纳多的整个晚年生活。并且他始终在对她进行优化，随着他各项技术的突破，缪斯女神不时降临，他也随之对她进行完善。有时添上一两笔，或为色彩或为衣褶，或为景观，或为表情。

应当说，与那些随身携带的其他作品相比，丽莎是备受宠爱的一个。丽莎也和其他作品一样，一直都没能交付给它们的委托人。

根据列奥纳多绘制的时间来推测，丽莎应该确实是一位本身就极有魅力的女性，她不断吸引画家为她拿起画笔。因为当时他正躲避与斯福尔扎家族有姻亲关系的一位贵族女性的委托。

丽莎的丈夫也和他早年所绘制的吉内薇拉情况近似，都是一位富有的商人——换句话说，他们都足够富有，支撑起闲暇的附庸风雅的艺术爱好，又不具备那些权贵们"压迫"艺术家的资格。

这对始终想要摆脱贵族指手画脚的列奥纳多来说，可谓是莫大的引诱。毕竟哪个有艺术追求的画家，不想凭借自己的艺术审美而自由创作呢？而这些愿望对于他的其他客户来说，几乎不太可能实现。不论是来自教会的委托，还是那些掌管权力的世家大族，他们都喜欢按照自己的标准来要求艺术家。

这可能是促使列奥纳多答应为一位商人的妻子绘制肖像的心理动机之一。当时的他面对画笔毫无兴致，他所热衷的是解剖学。也许正是这位焦孔多先生"放任"的态度让他对这份委托任务有了期待。

焦孔多先生也不算是陌生人，他是佛罗伦萨的一位丝绸供应商。起先贸易生意并没有做得很大，而丽莎则来自一个古老的世家，不过她的家族没落了，这个家族和美第奇家族还略有亲缘关系。

贵族与新兴资产阶级的联姻——这对双方来说都各有好处，贵族得到了金钱支撑，资产阶级得到了上流社会的通行证。毫无疑问，丽莎嫁给焦孔多先生的情况就属于此列。这位先生比丽莎年长，在丽莎嫁过来之前，他已经有过一段婚姻，并有一个儿子。丽莎在做人妻子的同时，也做了别人的继母。当然她后来也生了两个儿子，焦孔多先生对她很是满意，充满爱意。在她二十四岁的时候，焦孔多先生请来了大师为她绘制一幅肖像。

列奥纳多的父亲和焦孔多先生同时服务于美第奇家族，并且都为圣母领报教堂服务，因此他们是多年的朋友。或许当时还健在的皮耶罗为儿子和焦孔多的委托之间，充当了说客和桥梁的作用。

丽莎的美毋庸置疑，她不似其他贵族女性给他压迫性的印象，而他的丈夫又给他创作的自由，这让他获得前所未有的愉悦，并且这种愉悦将一直伴随他对丽莎肖像的不断完善，直到她看起来那样完美，臻于化境。

■ 神秘微笑的由来

如果你长久地注视过《蒙娜丽莎的微笑》，你一定会从她的表情里发现以往观看《吉内薇拉》的效果更为强烈。无论你从哪个角度观看她，她的眼睛仿佛都在和你进行一对一的对视，她的神秘微笑好似只是对你一人展现。

这是怎样的魅力与魔力呀？她的美仿佛只为你一人拥有。她的双唇紧闭，这一点和瓦萨里笔下的描述并不一致，这恐怕是因为瓦萨里向来算不得十分严谨的记述所致。她的微笑神秘，耐人寻味。她的体态丰腴，散发着一个成熟女性应有的美。她的双臂交叉于胸前，一只手叠加在另一只手之上，姿态自然。那是一双精于保养的手，丰腴但秀丽，和她的整个人相得益彰。

她棕褐色的卷发与同款色系的衣服，也显得和谐。头上戴有薄如蝉翼的面纱，额头光洁，鼻如悬胆，一双眼睛的神情与嘴角遥相呼应，展现出无与伦比的美。她的脸庞不同于中国的美人，是方正的，但是她的脸却有一种普世的美——这正是列奥纳多的厉害之处，他如同一位美的魔术师，善于提炼各种美，最终在一位名叫丽莎的年轻女性身上，美的光芒大放异彩。

丽莎的表情宁静而优雅，她的身体微微侧着，呈现出列奥纳多最喜欢的姿势。她身后的河流与山脉以及雾霭，显示出亦真亦幻的艺术之境。

这幅画最为人称道的是丽莎的微笑，列奥纳多捕捉到了人类最为幽微的神秘瞬间，她究竟在想些什么，笑什么呢？甚至有人说丽莎压根不是在微笑，那微笑里有人类永恒的惆怅。

为什么列奥纳多能够展现人类这样复杂的心理？应当说这和他过去的研究是密不可分的。现在回过头来，我们会发现各种事物之间的隐秘联系。我们会感激列奥纳多那容易分神的个性，那广博浩瀚的兴趣爱好。请再看一遍他对绘制人物的心得：

"画家在描绘一幅人物的图画或肖像画时应当做到：旁观者从画中人物的姿态很容易就能看出他们的思想活动。所以如果你描绘一个高贵人物正在讲话，应当使他的姿态与其高尚的话语完美契合；同样，如果你想要刻画一个性格粗暴的人物，让他的动作狂放不羁，他的胳膊朝向听众猛烈挥舞，脑袋和胸膛向前俯冲超过双脚，似乎追随着他的双手。这就像是一个聋哑人看到两个人在交谈，他虽然失去了听觉，却能够从谈话者的神情和姿态中判断他们的谈话内容。"

瞧瞧，这几乎是他为自己的艺术准则做了一份生动形象的说明，没有任何评论家对列奥纳多的杰作点评会胜过他自己的笔记内容。

"当你描绘一个人由于某种原因向后面或侧面转动，应当考虑到肢体在运动中的安排，不能把他的两脚以及肢体都转向他脸部朝向的方向。你应当把这个动作分解成不同层次以及不同关节，即足、膝、髋和颈关节。如果你想让他右腿支撑身体重量，应当使左膝内弯，左脚外侧稍稍提起，左肩比右肩略低，颈背恰好处于左脚脚踝外缘的正上方，左肩处于右脚脚趾的垂直线上方。设定人像时，切记不要让头部转向的方向与胸部的方向相同，因为自然在创造我们人类时已经考虑周到：颈部可以朝向任何方向随意转动，眼睛可以观察任何方向的地点，关节具有不同的功能。如果你想要描绘一个人坐在那里，他的胳膊摆弄身体旁边的东西，应当让他的上半身以髋关节为轴转动。"

列奥纳多真不是一位善于"藏私"的艺术家，在这些笔记里他如数家珍，逐一列出了他的绘画技巧，这"达·芬奇密码"就是我们揭开丽莎微笑的秘钥。此外，他还写了画家气质与作品之间的关系——某种程度上来说，我们可以将它看作列奥纳多对自己的"褒奖"。

"一个画家如果双手笨拙，他在作品中画出的手看上去也很笨拙（这一点我们不仅可以从丽莎的手上可以看出，在《抱银鼠的女子》的双手上，还有众多人物身上，我们都能感受到他的灵巧），任何肢体都会出现这种情形，除非他通过长期学习克服这一点。因此，画家啊，你要仔细审视自己身体哪一部分缺陷最为突出，要不辞辛苦地在学习中加以改正。因为如果你天生粗俗，那么画出的人物看上去同样粗俗，缺乏魅力；同样，如果你自身存在这样或那样的有点或缺点，它们都会在你的画作中不同程度地体现出来。

……

描绘女人时，应当表现她们仪态端庄，双腿并拢，双臂交叉抱紧，头部倾斜，略微侧向一边。"

这段话简直是列奥纳多特地为丽莎写的创作说明。

穿着外套的人物不应当过分凸显身体的轮廓，看上去就像外套直接贴着肉体一般；你肯定不希望看到外套紧贴着肉体，因为你应当假设肉体与外套之间还穿有其他衣物，遮挡了肢体形状，使其在外套上表现得不明显。如果你想突出表现一些肢体，就应当把它们画得粗壮一些，让人看上去感觉外套里面明显穿有其他衣物。

仙女或天使身着纤薄的衣裳，被风吹拂而紧贴着肢体，这时才可以画出肢体的真实形状。

列奥纳多的笔记里，有大篇幅的内容是关于眼睛的科学研究的。这些内容也向世人解释了为何他的作品里人物的眼神能如此动人，这当然也是丽莎眼神能够神秘而优雅的缘故。他从不同角度、不同光源、不同距离等方面来研究眼睛的反应。比如这样一则：

"如果你想见证这一点，可以细心观察并留意一个人瞳孔大小的变化；他正在注视一个黑暗的地方，然后把一根点燃的蜡烛拿到他眼前，使烛光迅速接近他的眼睛，你就会看见他的瞳孔瞬间缩小。"

他对眼睛的礼赞全部集中在这几句话里：

哦，伟大的创造，什么样的天才才能够理解这样一个自然？谁能相信这么小一个空间能够容纳整个宇宙的影像？什么样的舌头才能够讲述这么伟大的奇迹？这是指引人类通向神圣事物的途径。

显然，他就是这样能够诠释伟大创造的天才，他的画笔就是这样的"舌头"，丽莎的眼神和微笑就讲述了这样的伟大奇迹。

■ 持久的影响力

《蒙娜丽莎的微笑》是一幅旷世杰作，这种说法听起来好像纯属多余。因为她的影响力在今天世界范围内已经得到公认，没有人会愚蠢到去挑战她那令人心颤的神秘微笑。

正如艺术史家瓦萨里那夸张但却极为恰当的说法：任何一个野心勃勃的艺术家，在面对这幅画时，不免感到颤抖和气馁。这一点，好似后世的剧作家面对文艺复兴的另一位巨人莎士比亚时的心境。他们站在人类智性和艺术的巅峰，俯视大地上的生灵，令每一个想要超越自己的人都心生希望，朝着这个目标或者说标杆前行。但与此同时，人们不得不感到某种影响的焦虑——我穷尽一生的追寻能否与大师比肩，或往下一点，能否接近大师？就像诗人布罗茨基说的一样，只不过是为了"取悦一个影子"。

"如果你想要画一幅肖像，最好选择在天气阴沉或者黄昏的时候，注意观察黄昏和天气阴沉时街上男男女女的面庞，看看他们的面庞显得多么柔和精致。"

列奥纳多的一生总伴随着对光与影的研究，这是丽莎之所以迷人的原因之一。让我们再一次回到这幅杰作上面，回答大师为我们营造的如梦如幻的梦境之中。

她那胸前领口的螺纹花纹，和她那一头秀丽的卷发是多么相得益彰啊。而她那双柔和饱满的手和我们距离如此之近，风景又和我们相距如此之远。那搭在椅背上的手，仿佛随时准备按住椅子起身冲我们微笑，然后转过身，用手指着她身后的风景赞叹道，多么美的大自然啊，上帝的造化！

最为诡异的事情是，如果我们紧盯着她的嘴角，会发现她并不是在笑，似乎下一秒就要哭出来。但是若我们的目光移向整体，或者是她的眼睛，她那令人倾倒的微笑立刻又回来了。这稍纵即逝的微笑，这丰富广博的心灵世界与大自然的丰富广博是何其相似啊？这正是列奥纳多想要通过这幅杰作展示给世人的美。人、自然、宇宙之间微妙的联系，仿佛那幅从古建筑学家维特鲁威那里得到启示的《维特鲁威人》一样。

几个世纪以来，发生在这幅画身上的故事可谓层出不穷。它还在列奥纳多的时代，就因其夺目的美而引发艺术家的竞相模仿，它的复制品或者说仿制品多得不胜枚举。

甚至在第二次世界大战期间，英国和他们在法国的抵抗组织之间的联络代号就是"蒙娜丽莎保持微笑"。

这听起来不免让人感到魔幻，魔幻的同时又感到莫名其妙的和谐。在她那稍纵即逝的微笑背后，藏匿着我们与这个世界之间的联系密码。几个世纪过去了，那个引发无数猜测的委托任务早已结束了，但是列奥纳多从未选择交付过它。

风云激荡，人事变迁。多少人来了又去，沉入江河，安眠地下。当年的美人早已成为冢中枯骨，唯有蒙娜丽莎永远保持微笑。这多少令人灰心丧气，我们活不过一幅画，活不过一个物件，甚至无法和我们身上的衣物竞争时间。

但我们的希望也从这灰心里诞生，王座也没有艺术永恒。

人与万物同在，靠的是艺术和思想而非权力和金钱，这或许是我们可以从这微笑里获得的另一种力量。

第二十三章

法兰西时光

最佳赞助人

当 1516 年的夏天来临时，已经到了人生暮年的列奥纳多，终于决心告别故土，离开生养自己的国度，从意大利远赴法兰西。

无论如何，这都是一趟"有去无回"的旅程，他的人生终点站的站牌已经若隐若现了。他不会不清楚，一个老人，一个年老体衰的老艺术家，此刻要翻越阿尔卑斯山山脉，和他的随从一起，跟着他的还有一生知识来源——书籍以及一辈子的心血——几幅如影随形的画作，他需要不断润色的杰作。它们是《圣母子与圣安妮》《施洗者圣约翰》《蒙娜丽莎的微笑》。

这样一番迁徙为的不是别的，而是他在暮年终于找到了一位最佳赞助人。他曾经在笔记中写道："美第奇家族造就了我，但他们也毁了我"。为什么列奥纳多要这样说呢？"伟大的洛伦佐"几乎没有什么委托任务是给他的，当时备受宠爱的画家是波提切利。谈何造就？

教皇的弟弟朱利亚诺，命运不济，早早去世，他对列奥纳多倒是算不上特别轻慢。或许在列奥纳多的眼中，美第奇家族缔造了一个繁荣的佛罗伦萨，并掀起一场深刻的文艺复兴革命——他应运而生，韦罗基奥的作坊也得到了这个家族的的扶持。这就是所谓"造就"吧。

至于"毁掉"，"伟大的洛伦佐"本是一位最佳赞助人。他雄才大略又热爱艺术与科学，且品味不俗出手阔绰。然而他对列奥纳多不太上心，还将他作为外交礼物赠送给米兰当局。或许他的毁掉之说是指这个？从此，他大半生过着提心吊胆的日子。"伴君如伴虎"，偏偏他遇到的赞助人都是残忍的暴君。斯福尔扎家族那位杀了侄子篡位的公爵，嗜血如命的残酷军阀波吉亚。确实，哪一个都不是好对付的。他们心狠手辣的做派，阴晴不定的个性，为他的艺术生涯增添了很多恐惧不安和不确定因素。

列奥纳多的一生都在寻找一位绝佳赞助人，遗憾的是这个人千呼万唤却始终不出来。这种寻觅过程甚至可以说从他的少年时代就开始了，在韦罗基奥的工作坊就开启了。

他始终期待一位稳定的、温文尔雅的、博学的、慷慨的赞助人——几乎是兼有父亲和朋友的特质。"伟大的洛伦佐"原本是有这个特质的，然而列奥纳多"命运不济"，错过了。后来的米兰公爵、野心家波吉亚、奢侈享受者朱利亚诺兄弟俩，都无法提供这种心灵上的认可和安定，以及精神满足。

这个机会终于在教皇带着他前往博洛尼亚的时候来临了。在博洛尼亚，他见到了年轻有为的法国国王弗朗西斯一世——一位刚从岳父手中继承王位的国王，他的岳父就是当年对列奥纳多欣赏有加的路易十二。

这位刚刚二十岁出头的年轻国王，和他的岳父一样敬重列奥纳多，有过之而无不及。这次会面对列奥纳多的晚年命运是决定性的，他终于在暮年找到了最佳赞助人。

弗朗西斯一世具有非凡卓越的见识且博学，他承诺为列奥纳多及其随从人员提供保障，一心盼望大师能到法国宫廷来。"我恳请您敦促列奥纳多大师来到国王身边"，这是弗朗西斯一世的母亲所言，当然是通过法国一位大臣之口。在这位大臣写给法国驻罗马的大使信中，他承诺列奥纳多大师一旦到了法国，必将受到国王和他母亲最为热烈的欢迎。

一定是国王的敬重与热情以及稳定的薪俸，让列奥纳多再次动了迁徙的念头。这一次他当然知道自己一旦出走，以自己的身体健康状况，是不会再回到故国的了。因此他趁着阿尔卑斯山尚未下雪封山的季节，带上他所有珍视的人与物前往法兰西。在那里，他将受到前所未有的尊敬。

这样，列奥纳多开启了他一生中最后的旅行。

■ 国王和他的母亲

弗朗西斯一世从小接受当时最好的教育，他的母亲是一位有着良好教养的女士，为他寻找了当时最好的一批学者和艺术家给他当老师。

这样环境中成长起来的弗朗西斯一世，很快就成为一个对知识有着无边渴求欲望的青年人。他兴趣广博，不仅热爱科学、数学、地理、历史与诗歌，音乐和文学，他还对语言学也十分有兴趣，学习过意大利语、拉丁语、希伯来语和西班牙语。此外他还喜欢跳舞，热衷交际和演出，喜欢搞各种庆典活动，并且他还喜欢摔跤。总而言之，这是个学识渊博且文武双全的国王，渴望知识并尊重有知识的人。这样一个国王，列奥纳多这种个性的艺术大师，毫无疑问是他的最佳选择。事实上，他们后来确实保持着这种亦师亦友的亲密关系。正如列奥纳多在自己的笔记中提到亚历山大大帝和亚里士多德的关系时所言：他们是彼此的老师。

很明显，列奥纳多在和这位魅力非凡的国王相处过程中，他也获得了愉悦的体验。弗朗西斯一世和他以往的任何一位赞助人都不同，他骁勇善战却不是个嗜血如命的暴君。他在为法兰西重新夺取米兰的控制权后，并没有像别的征服者那样屠杀旧政权的掌权者，他将斯福尔扎家族的人米兰公爵安置在法国的宫廷。

与此同时，这位国王还是个野心勃勃的人。所谓野心勃勃，是指他在其母亲的影响下深爱意大利艺术，作为一个深受文艺复兴影响的国王，他知道自己的军事力量虽然征服了意大利，文化上却需要向意大利学习。

他雄心万丈，期盼通过自己的努力为法国带来一场类似意大利文艺复兴革命的复兴，他基本上做到了。当然他很清楚，他所要完成的一个程序就是引进人才，引进艺术大师们。于是，列奥纳多成为他聘请的"帝师"。根据雕塑家切利尼所言，弗朗西斯一世对列奥纳多十分着迷。他说他们整天呆在一起，一直不停地对谈，以至于一年之中分开的日子没几天。

这几乎像热恋的情人了。

或许这位雕塑家的话有夸大的嫌疑，但至少证明了列奥纳多在法国宫廷的地位以及受欢迎程度。国王为他的到来，特别安排了一处幽静的城堡作为列奥纳多的住处，位于卢瓦尔河谷地区的昂布瓦斯。这座城堡的名字叫克卢城堡，现在被称为吕斯城堡。

这里有美丽的花园和令人迷醉的葡萄园，距离国王居住的城堡不过几百米，它们之间有一条秘密通道相连。

从现在的照片所能看到的吕斯城堡形象，以及列奥纳多生前居住的奢华卧室来看，他在法兰西的时光是温馨且备受尊崇的。法兰西厚待了这位意大利大师，而这位意大利大师最为珍贵的作品，也保留在法国，这不得不令人感到欣慰。

国王对列奥纳多的到来无比欣喜，和他的谈话更是让他感觉受益匪浅。他说无法相信这个世界上还会再有像列奥纳多一样博学的人，他不仅通晓雕塑、绘画和建筑，还是一位真正伟大的哲学家。

瞧，国王的评价如此之高，他是不折不扣的"帝师"了。不过他所言不虚，世上确实再也不会有像列奥纳多那样博学的人物了。他可以教给国王光影技术，水流秘密，还能告诉他人体奥秘和各种机械原理……他简直是一部移动的百科全书。

列奥纳多生平第一次不需要为委托任务而烦恼，因为对弗朗西斯一世来讲，他最珍视的不是列奥纳多的作品，而是他这个人本身。正是列奥纳多的谈吐和见识，他的知识与才华令他倾倒，他认为列奥纳多的智慧才是最值得珍视的。因此，列奥纳多在法兰西的时光可以说不仅稳定，且无比悠闲。他不用没完没了地创作，他也不用和别的艺术家争宠。

第一次，也是唯一一次，他从尊敬与爱中获得了平静。遗憾的是他的生命也将到头了，死神已经在不远处冲他微笑，而他似乎也做好了与死神握手的准备。

■ 安眠法兰西

现在，终于到了不得不来临的时刻了，列奥纳多到了他生命的最后时刻了。此刻，他刚度过他人生的最后一个生日，他年满六十七岁了，是真正的风烛残年了。生命之火如风中之烛，随时都有熄灭的危险。

今天，我们如果看安格尔一幅名为《列奥纳多之死》的画作，会被其中温馨动人的气氛所感染，甚至感动流泪。安格尔为我们描绘的场面几乎满足每个热爱列奥纳多的人的期待——甚至可以说，满足一切人对艺术大师临终时所能享受到的荣耀和期待。

画面中央的人物自然是弥留状态的大师，他躺在橙红色帷帐包围的床上，白色的胡须如瀑布垂落。他躺在深情望着他的弗朗西斯一世的怀里。国王的身体前倾，一只脚放在床榻上，他将列奥纳多的头抱在怀里。他的双眼注视着垂死的艺术大师，那深情和不舍让任何人看了都动容。画面中处于次要位置的是神父与侍从等人。他们的面容平静中略带哀伤，尤其其中一个黑衣男子，他的一双手指向床上的国王与大师。但是他的身体却扭向身后的人，仿佛在说："还有别的办法吗？这真是令人难以置信。"

安格尔这幅画是画家一厢情愿的想象吗？还是根据相关"传说"或"记载"而创作的呢？当然，绘制列奥纳多临终前躺在国王怀里的并非只有安格尔一人，只不过他的这幅画较为知名而已。

应该说这绝非画家的捕风捉影，他的信息来源还是那位对列奥纳多充满无限崇敬之情的艺术史家瓦萨里。在瓦萨里的笔下，列奥纳多的临终事件是这样的：

"他感到自己时日无多了，此刻他的心里只想获知天主教的教义，想要更多地了解人生之道与神圣的基督。然后列奥纳多在痛苦的呻吟中，他悔悟并忏悔。尽管他这时已经不能站立了，但他依然在友人和仆人的搀扶下，虔诚地领受了圣餐。"

这段文字将备受灵魂与病痛折磨的大师写得活灵活现，如在眼前。可是我们别忘了瓦萨里那文学性夸张的笔触，毕竟他并不是在列奥纳多身边的人，他没能目睹大师临终前的模样。也就是说，这段文字完全出自他的想象。通过前文内容我们早已清楚，列奥纳多终其一生，从来都不是一个有着虔敬宗教信仰的人，他将科学置于宗教之上。也因此，他才能在文艺复兴时期就能想别人所不能想，做别人所不敢做。

现在，他在瓦萨里的笔下仿佛一个回头浪子，一生兜兜转转，终于回到主的怀抱。这种描写恐怕未必属实，与其说是列奥纳多的形象，倒不如说是瓦萨里所期盼的大师形象。

更为小说化的表述还在后头：他提到国王对大师的关怀，说国王经常亲切地看望他。这倒不是什么戏说，在他的讲述里，当列奥纳多最后的时刻，国王又来看他了。大师还是尽力坐起来，向国王诉说了自己的病症。

随即病情突然恶化，这是死亡的征兆。（瞧，瓦萨里好像就在现场看到一样。）国王站起身来，托起他的头，想要扶着他，给列奥纳多最后的恩宠。希望这能减轻他的痛苦，灵性非凡的列奥纳多意识到，能在国王的怀抱里停止呼吸将是莫大的荣耀。

正是瓦萨里这本《艺苑名人传》的流行，才使得后来的画家绘制那样一幅感人至深的画。然而这未必是真实的事，即便大师临终没有忏悔，也没有躺在国王深情的怀抱里，也丝毫无损列奥纳多作为一个享誉世界的大师地位，自然也丝毫没有损害弗朗西斯一世作为一个良好赞助人的形象。

列奥纳多的晚年，不仅自画像比实际年龄显得衰老，即便在旁观者眼中也是一样。人们以为他已经过了 70 岁，这或许是因为他被病痛折磨的缘故。在晚年，他的右手麻痹，无法执笔——他是左撇子，也许影响不大，右手麻痹可能是因为中风。

他怒斥，怒斥光阴的消逝。他绘制了很多带有预言性质的大洪水手稿，并且写下来洪水来临时人们怎样惊慌失措，又是怎样无可奈何地面对死亡。

惊惧这一切，这是列奥纳多来自心底的恐惧。他的这些作品将狂暴的想象和真实混合在一起，完全没有从前温文尔雅的气质。很难想象，这种激情来自一个被死神追赶的老人。

当他意识到自己快要离开人世的时候，他给自己立了遗嘱，对各项财产的分割做了妥善的安排，甚至他一手安排了自己死后的葬礼。

一代宗师就这样星落法兰西，他逝世后被葬在昂布瓦斯城堡的教堂里。遗憾的事情发生了，三个世纪后，这座教堂被人拆毁。又过了半个世纪，人们在被拆毁的教堂里发现一批遗骸，根据推测，这极有可能是列奥纳多的骸骨。

人们将这批骸骨安放在另一座教堂里。

列奥纳多谜一样的一生就此终结了，然而关于他的谜题仍有许多等待我们解开，那些令他取得卓越成就的"达·芬奇密码"又是什么呢？

第二十四章

达·芬奇密码

■ 源源不竭的创造力

列奥纳多离开我们已经几个世纪，但人们对他的兴趣却始终没有减弱。人们在惊叹他源源不竭的创造力的同时不免好奇，这样一个天才究竟是怎样造就的。

没错，列奥纳多当然是天才，且名副其实，甚至可以说是人类历史上较少一群能够真正被称为天才的人之一。但他的天才并非"与生俱来"，他从小受到的教育甚至可以说是糟糕的，他没能完成系统教育，他后来之所以能取得罕见的卓越成就，和他不断地自我教育自我成长有极大的关系。

可以这样说，没有他强烈的好奇心以及强烈的求知欲，就不会有今天我们所熟知的艺术大师。他那颗敏感的心灵好像随时都在为新知识的储存准备着，他记录自己的笔记，也奉劝别人最好养成随手记录的习惯，他的天才是靠日积月累成就的。

他出身平凡，甚至比平凡还糟糕，他是一个没有合法身份的私生子。

他的古典文学很糟糕，他的拉丁文很差。他还容易半途而废，容易分心，拖延专业户，喜欢和人开玩笑，搞点恶作剧——他是一个让人容易接近的天才。因为他凡人的那一面，让人觉得如此可爱真实。

他也会和我们一样，和一个糟糕的人交朋友。对方的品质令人怀疑，对方不停做一些出格的事，然后等着我们去擦屁股。他也和我们一样因为谋生而不停妥协，并因此苦恼。他还和我们一样，会因为经济问题与亲人产生摩擦……

他并不完美，但这正是他惹人喜爱的地方之一。他用他卓越的一生，为我们展示了一个出身平凡的人，即便起点很低，也能够通过自我完善来不断超越，并取得让人尊敬的成就。

当然，仅仅如此并不足以诞生一位大师。我们应该记住他那些不为世人所理解的举动，比如冒着宗教狂热分子的指责风险去解剖尸体。还比如，他一旦生活得到基本保障，就不会因金钱与权势所胁迫的习惯。我们更应该记住的是他的一生，虽然兴趣广博，有着令人难以置信的跨界行为，但是这些行为背后的行动原则却是统一的，那就是跟随自己的心。

他的一生从未违背过自己的内心——他始终做着他热爱的事业，正是这种热爱，这种不会轻易消逝的激情，让他克服了一个又一个难关。

他从不会为庸人的看法左右自己的行动，正如乔布斯的名言：只有偏执狂才能成功。我们生来不是为了适应世界，而是为了改变世界。乔布斯告诉我们改变世界的，恰恰是那些不被人理解的"疯子"，那些看起来古怪的不合群的人。

难道不是吗？

想想吧，那些著名的天才们，哪一个看起来像是容易相处的样子？哪一个不是别人眼里的疯子？他们的想法，他们的行动，他们的思想，让他们在人群中显得那样与众不同。人们要为与众不同付出孤独、不被理解的代价——甚至更多，被排斥，被误解。

相信作为天才人物的列奥纳多，在他的一生中并不比他们遇到得少。天才的遭遇是接近的，正如芸芸众生的故事也是相似的。只不过有些天才幸运一些，被人们接受得较早；有些天才则要在他们的肉身寂灭后才被发现理解。

在列奥纳多的身上两者同时存在，他幸运地在他活着的时候就以自己出色的创造力赢得世人尊重。但世人对他的理解与再发现，包括他的手稿研究，则要早几个世纪后。

这是天才不得不承担的命运。

列奥纳多在多个领域里游刃有余的创造力，世所罕见。即便在他的时代，一个以诞生多才多艺的大师闻名的时代，也极为罕见，他是他们中的翘楚。

从前没有，过后也不会再诞生这样的通才。他如此杰出的创造力，天赋之外，要归功于他"心无旁骛"的个性。没错，是心无旁骛。听起来和他那容易分心半途而废的个性矛盾，其实一点也不矛盾。

他从来不理会别人怎么看，他只跟随自己的热爱，一心钻研自己所爱。这是他之所以有源源不断创造力的核心密码。

■ 达·芬奇遗产

一位艺术大师留给世人的遗产，除了那些撼动人心的杰作，余下的就是他这个人本身。我们在解析"达·芬奇密码"的同时，也就明白了他留下的遗产究竟是什么。

列奥纳多存在的一个重要意义，也许是向世人展示人类的智力能够在多大程度上跨界行动。古今中外，应当说还没有第二个这样"先知"色彩浓厚的通才。当然有比他思想深刻的杰出人才，且还为数众多，但是他们却没有列奥纳多在众多领域里游走得酣畅淋漓。多数人，哪怕是天才，顶多只能在一个领域里取得卓越成就。

很明显列奥纳多是个异数，他不属于这些天才人物中的任何一个。他强烈的好奇心和求知欲让他不满足于某个领域，促使他不断地跨越界限，从艺术到科学，从实用技术到纯粹艺术，他不断变换自己的研究对象。这种广博的兴趣最终使他成为一个不折不扣的通才，一本行走的百科全书。这是他留下的第一个重要遗产。

列奥纳多留给我们的第二个重要遗产是他始终保持着孩童的好奇心，以及与此相关的惊奇能力。没错，我们中的多数人随着年龄的增长，早已学会见怪不怪了。我们为自己心灵的迟钝，寻找到一个恰到好处的得体借口——成熟。我们的触觉味觉视觉听觉——全面衰退，不再好奇如初，我们丧失了我们的惊奇能力。我们甚至忘记了最初发问的模样，那个十万个为什么的孩子究竟跑哪里去了呢。列奥纳多是那个替我们多数人保留这种惊奇能力的人。还能记得他为飞鸟和水流着迷吗？尤其他追问天为什么是蓝的，这在我们看来是多么幼稚的问题啊。但是他就像苹果树下的牛顿一样，于我们司空见惯的现象中，发现了为数众多的宇宙奥秘。

此外，他还是个勤于观察和追求细节完美的人。

有谁能够像他那样仔细地观察鸟类飞行，并认真做好笔记的？又有谁能够像他那样，凭借自己的解剖学知识，修正了自己的作品《荒野中的圣杰罗姆》？凡是看过他手稿的人，尤其是解剖学手稿的人，都会被他的科学精神与艺术感觉所征服。他不允许自己在任何细节上出错，除非那是他原本就没有认识到的知识。

他时常分心，游走于现实和幻想之间的世界。这一点看起来似乎不能算作一项积极的性格特质，然而正是这一点才是真正决定大师和普通人的区别。芸芸众生，满足于现实世界，所思所想皆为现实所限制，绝不去做超越现实条件的事情，然而这样选择的结果只能是成为芸芸众生中的一员。

大师和众人的不同在于他敢于突破限制，游走于无边无际的幻想之中。正是在这种不切实际的幻想中，他的想象力得到自由释放，他才能设计出那些属于"未来"的作品。人类的任何一项巨大进步，全是那些不切实际的人的天才幻想——有了疯狂的想法，才有后面的程序与方法落地。

有人认为在列奥纳多的众多遗产中，假如不算他那些完成的未完成的作品的话，这是他最为杰出的遗产之一。

列奥纳多留下的另一项遗产是实验精神。他不是唯书本主义者，他虽然求知若渴，但他始终是个重视实践经验的艺术家。他通过一个个实验，解决他一个个疑问。这种科学精神让他在耽于幻想的同时，能够用脚踏实地的方法检验自己的想法。

他半途而废的作品，他严重拖延的形象，都无损于他一代宗师的地位。他虽然勤奋，却不会为交出作品把自己限定在某个日期。这种个性在商业社会里绝对不讨喜，但是假如你是个天赋非常的人，请遵从大师的教导吧。

正如列奥纳多自己回复米兰公爵的话：

天赋极高的人，他们工作越少，成就反而越高。因为他们的头脑总是在思考，不断地完善他们的构思，然后他们才会付诸实践。

其实平凡如你我，如果能够将列奥纳多留下的遗产善加利用，哪怕只遵从其中一两条，然后持之以恒地做，这一生就会绽放令我们满足的鲜花。

就像诗人戈麦的诗句一样：仅仅一次就可以干得异常完美！